触発するサウンドスケープ

触発するサウンドスケープ

〈聴くこと〉からはじまる文化の再生

鳥越けい子
鷲野宏
星憲一朗

岩波書店

——— はしがき

鳥越けい子

はしがき

蒸し暑い夏のある日、
部屋のなかで片付けものをしている。
軒に吊るした風鈴が、静かに音を立てる。
ふと風が流れたような気がして、涼しさを感じる。

私たちが風鈴を吊るすのは、
空気の微《かす》かな動きを知るため。
風鈴を吊るすと、
それまでは気づかなかった吐息のような、
空気の微かな流れを感じることができるようになる。

普通に感じる風の場合も、
風鈴によって、多様なニュアンスを楽しめるようになる。
同じ風でも、どのような風鈴を、
どこに、どのように吊るすかによって、
その味わいや楽しみ方も違ってくる。

こちらから何かを仕掛けると、世界はいろいろなメッセージを発信してくれるようになる。風鈴をつくり、それを吊るし、耳を澄ます。その行為には、私たちが音を通じて世界と繋がる原点、道具をつくり世界を楽しむ原点、アートや文化の原点があると言えよう。ちなみに、風鈴の祖先とされる風鐸《ふうたく》は、外界からやってくる邪気を払うためのものだった。

世界に何かを仕掛ける。そこには、自分自身が部屋の外に出て、いろいろな場所に出かけて行くことも含まれる。日本や世界のいろいろなところで、私たちは「その場所ならではの音」を体験することになる。都心の音、近所の森の音、古い庭園の音、地下からの音……音を通じてそれぞれの土地との交流を深めていく。すると、それまで気づかなかったさまざまなメッセージを読み取れるようになる。

そのようにして、風鈴ならぬ各種のプロジェクトを仕掛けている者たちの手によるもの、それがこの本である。つまり本書は「出来事を観察する研究者」によるものではない。「出来事を引き起こしている張本人／当事者」によるものである。ここで言う「当事者」とは、それぞれの出来事（プロジェクト）の現場にただ立ち会っている者ではない。それぞれのプロジェクトを妄想し、企画し、実践に移し、それらが成立展開する現場そのものを創出しつつ思索を重ねている者たちのことである。

コンポジション（作曲）ならぬ各種枠組みのデコンポジション（分解）を経て、音の世界を通じてそれぞれの土地で新たな物語の紡ぎ方を実践・模索し、さまざまな境界線を越えて遭遇したのが本書の著者三名である。

読者のみなさまに、私たちがそれぞれに手がけたプロジェクトの「予定調和に終わらない面白さ」を、少しでもお伝えすることができれば嬉しい限りである。

鳥越けい子

目次

ブックデザイン＝鷲野　宏

——序　越境するサウンドスケープ

鳥越けい子

序　越境するサウンドスケープ

鳥越けい子

就寝前、庭の筧《かけひ》の水のつぶやきが聞こえてくる。縁側の向こうから伝わってくる、木々をゆらす風の音と感触が、この土地の呼吸のように感じられてくる。そこにチッチチッチッ……というカネタタキの鳴き声が加わる。その風景に身を浸していると徐々に、数年前まで庭の少し向こうにあった屋敷林の声と姿をはじめ、自分自身の身体のなかに蓄積されたさまざまな記憶が蘇ってくる。

サウンドスケープとは何か？　端的にいえば、それは音の世界を手がかりに、ともすると狭く閉ざされがちな現代人の美的感性を日々の暮らしの風景のなかに引き戻し、地域社会やその背景に広がる自然界をも含めた環境全体へと拡大するコンセプトであり、メディアである。すなわち私たちと外界とを繋ぐ感性の回路に風穴を開け、それぞれの土地(と自分自身の身体との関係性)に蓄積された記憶との生き生きとした交流を取り戻し、多様な聴取の在り方を取り戻すための古くて新しい手がかりである。

英語のsoundscapeは、一般に「音(の)風景」と邦訳される。この言葉には専門用語として定義や解説があり、現在盛んに行われている音や音楽に関する新たな研究分野成立のきっかけを提供するなどしている。[*1] その議論や内容の紹介に立ち入ることは本書の趣旨を超えるので、後述するマリー・シェーファー等による用語集『音響生態学ハンドブック』(*Handbook for Acoustic Ecology*)における記載事項の一部を紹介するに留めたい。

> サウンドスケープ：個人、あるいは特定の社会がどのように知覚し、理解しているかに強調点の置かれた音の環境。したがって、サウンドスケープはその個人がそうした環境とどのような関係を取り結んでいるかによって規定される。[*2]

ここで重要なのは、サウンドスケープの実態は、主体(個人もしくは特定の社会)がその周囲の世界との間に取り結ぶ関係性によって決まってくるという点である。[*3] つまり、その「関係性を取り結ぶ行為」の根幹を担うのは、それぞれのサウンドスケープを構成する主体による聴取活動であり、その活動を規定する各

*1 一九七〇年代に提唱されたサウンドスケープ論がきっかけとなって生まれた学問分野には、二〇〇〇年頃から盛んになったサウンド・スタディーズ、二〇一〇年頃から始まった生態音楽学[eco-musicology]などがある。

*2 Barry Truax, ed., *Handbook for Acoustic Ecology* (A. R. C. Publications, Vancouver, 1978).

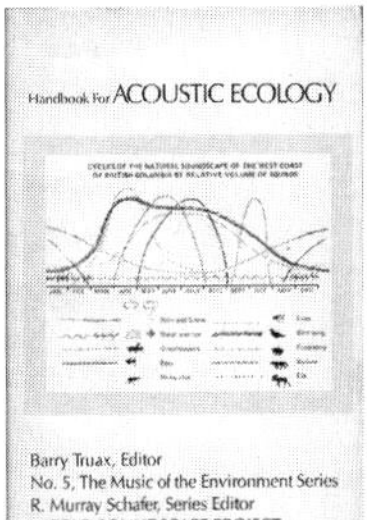

*3 後述する「ニコライ堂の鐘をめぐる多様な耳」は、まさにその事例である。

種の諸条件であると言える。

したがって、サウンドスケープが問題とするのは「物理的な音」だけではない。それは特定の個人、もしくは特定の社会や時代によって「認識された音の世界」、より正確には「音を手がかりに認識される環境や世界」である。この文章冒頭で綴った内容は、私個人が日々の暮らしのなかで体験したサウンドスケープであるのに対して、次に紹介するのは「江戸のまちで成立していたサウンドスケープの事例」である。

江戸時代末期に刊行された『東都歳時記』(一八三八年)は、編者自らが江戸のまちを実際に歩き回りながら、年中行事を時系列的に紹介したすぐれた書物である。そこには「夏の末秋の始より」として、隅田川東岸、王子辺《あたり》、道灌《どうかん》山、飛鳥山辺、三河島辺、御茶の水、広尾の原、浅草反圃《たんぼ》といった地名が挙げられている。*4

このように江戸のまちでは、これら特定の地区が「虫の音を楽しむための名所」として知られていたのだが、なかでも人気のあったのが道灌山だった。その土地は、現在の西日暮里から田端に続く台地の一番高くなったところで、眺望もよく、江戸庶民の行楽地だった。『江戸名所図会』には「この地薬草多く、採薬の輩《ともがら》つねにここに来れり。ことに秋の頃は松虫・鈴虫、露にふりいでて静《せい》

虫聴きの名所　江戸の市街地の範囲については「安政三年(一八五六年度)実測復元地図」を参照して作成。

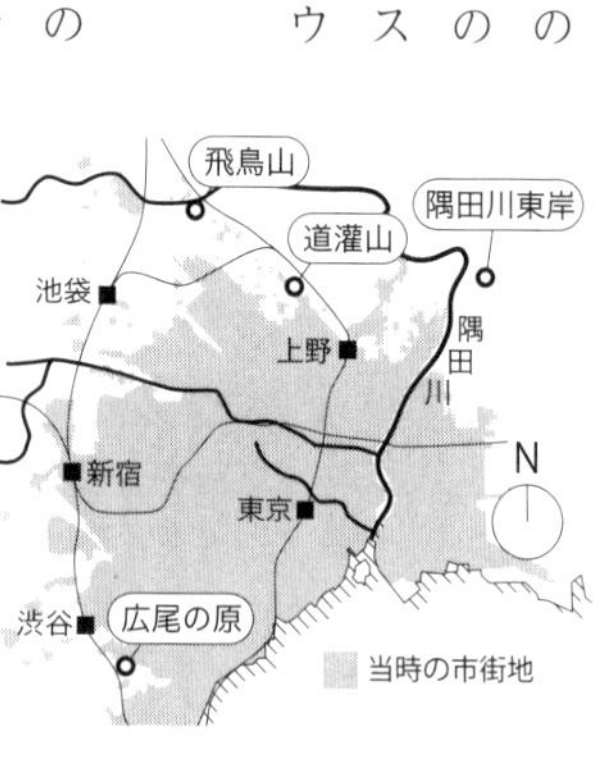

*4　斎藤月岑編、朝倉治彦校注『東都歳時記』2(全三巻)、東洋文庫、一九七〇年、一九六頁。

音《いん》をあらわす。よって雅《が》客《かく》・幽《ゆう》人《じん》ここに来れり、風に詠じ月に歌うてその声を愛せり」という文章と挿絵がある。[*5]

人物に注目すれば、この絵には夏の宵、虫籠を持ったこどもを連れた二人の女性と、秋草の茂る丘に茣《ご》蓙《ざ》を敷いて座る三人の男性の姿が描かれている。彼らは、日々の暮らしの延長上で、虫の鳴き声を愛でるため、この土地に身を置いてこそ体験できる気配に身を浸し、それぞれの時間を過ごすためにここを訪れている。江戸の都市文化には、こうした美的活動が組み込まれていた。その頃の日本に、西洋近代の音楽概念はまだ導入されていなかった。

ここに描かれている世界をもとに、ここでは以下、私が考える、また本書がベースとするサウンドスケープ体験に通じる重要な特徴をいくつか列挙してみたい。

サウンドスケープ体験の特徴はまず、こうした特定の土地との不可分の結びつき、その「現場性」にある。同じ「虫聴きの名所」でも、道灌山、飛鳥山、広尾の原はどれも異なる地形や植生・生態系、加えてそれぞれの地域社会にも依拠した独自の世界があった。

また、そこを訪れる人々は、コンサートホールにおける聴取のように音と対峙するのではなく、音を含むその場の環境全体に全方位から包まれている。そ

＊5　市古夏生・鈴木健一校訂『新訂江戸名所図会』5（全八冊）、ちくま学芸文庫、一九九七年、一一七—一一九頁。

道灌山聴虫
文月《ふみつき》の末《すゑ》を盛中
ばとしてとりわき
名におふ虫塚《むしづか》
の辺を奇絶とす
詞人吟客ここに来り
て終夜《よもすがら》その
清音を珍重す
は勝れて
紡績娘の
金琵琶の振捨
有明《ありあけ》の
一興とや
いはん

道灌山聴虫

出典：松濤軒斎藤長秋ほか『江戸名所図会　7 巻』(国立国会図書館デジタルコレクション所蔵，一部加工)

うした「全方向的・包括的聴取」に加え、その際に人々が働かせているのは「耳」に留まらない全身の感覚である、という意味での「全身感覚性」も、サウンドスケープ体験の重要なポイントである。そこには皮膚で感じる音、足裏で確認する音は言うまでもなく[*6]、目から入ってくる音のような共感覚的な音の世界の把握も含まれる。

つまり彼らが体験しているのは、個々の音を超えた「土地のざわめき」であり、「聞こえる音」に留まらないその場の「気配」であり「雰囲気」である。またここに描かれているのは、虫取りに興じるこどもの声、詩歌を吟じる声や話し声なども聞こえてくる、もはや「自然の音」と「人工の音」との間の明確な区別の無い世界である。そこにはまた、黄昏から闇へ、そして「有明の月」[*7]を待つ夜明けに向かう「時間的な推移」が含まれている。さらに、以前その場所を訪れたときに聞いた「記憶の音」、その土地で言い伝えられている「伝承の音」、人々がより自由に想像する「イメージの音」といった「聞こえない音／物理的には存在しない音」もまた、その場のサウンドスケープの重要な要素となっていることを忘れてはならない。

このようにサウンドスケープは、視覚中心の分析的思考や、西洋合理主義的発想とは異なる世界をベースにしているという意味で、日本の環境文化[*8]との親和性がある。その考え方はまた、「音楽」という活動を近代西洋の枠組みから

＊6 皮膚や足裏から感じるのは、耳で把握することのできる音の周波数帯域を超えた「高周波数帯域」や「低周波数帯域」の振動による世界。それらは土地の「気配／雰囲気」の要素ともなる。

＊7 夜が明けても、まだ空に有る(残っている)月を「有明の月」という。

＊8 環境文化とは、特定の地域の自然環境のなかで、人間が長年にわたって学習した作法や積み重ねてきた生活文化といえるものを意味する。たとえば、江戸時代まで立山登拝の拠点として山麓の集落・芦峅寺《あしくらじ》では、立山への入山を禁じられていた女性たちの救済のために、布橋灌頂会《ぬのばしかんじょうえ》という儀式が行われていた。それは、目隠しして視覚以外の感覚を頼りに歩くというもので、その体験はサウンドスケープのワークショップで行う「目隠し歩き」に通じるものがある。左図は布橋灌頂会実行委員会(平成二九年)提供。

解放し、音を探し、音を愛で、土地や環境を聴き取る技術としてのその営みの本質に迫ろうとするものであるということができる。

サウンドスケープは、現代のものの見方にゆさぶりをかけ、そこに新たな、そして本来の風景を立ち現せるきっかけとなる。そのコンセプトは、私たちをより自由な世界に解き放ち、より包括的な思考へと導いてくれる。

サウンドスケープとの出会い

私がサウンドスケープという言葉に出会ったのは、音楽学を専攻していた学生時代のこと。当時、全音楽譜出版社から刊行されていた『季刊　トランソニック』という雑誌を通じてだった。そこには「環境の音楽」という文章が掲載されていた。*9「世界の音風景(soundscape)はかわりつつある」という文言で始まり、「最初に聞こえた音は何か？　それは水のなでさる音だった」といったフレーズや「海の声」「風と雨」「黙示録の音」といったテーマが続くその記事を、これを書いた人物の専門領域は何なんだろう、と思いながら読み進んだ。すると最後に記されていた、西洋人の氏名を持った筆者の肩書きが「作曲家(composer)」だったことに、私は衝撃を受けた。なぜなら当時の私にとって、同時代の作曲家といえばスタジオ内に閉じ籠って自分の作品を構築する人、というイメージが強く、そこに綴られていたような、多様な音の世界に熱い関心

*9　R・マリー・シェーファー、高橋悠治訳「環境の音楽」、『季刊　トランソニック10夏号：特集　音と都市』一九七六年、四―一六頁。トランソニックは林光、一柳慧、近藤譲、松平頼暁、柴田南雄、高橋悠治、湯浅譲二といったその時代の現代音楽を立役者たちのグループ名でもある。翻訳の高橋は、その雑誌の編集担当でもあった。

を寄せる作曲家を知らなかったからである。

　当時は民族音楽学が台頭しつつあるなか、現代音楽の領域においても、ジョン・ケージやヨーコ・オノが現役で活躍する「環境芸術」華やかなりし頃。アルバイト先だったアール・ヴィヴァン[*10]で親しんでいたアンビエント音楽にも、どこか物足りなさを感じていた私は、先の「虫聴きの会」のような日本の習俗にある種の先進性があるように感じ、卒業研究で取り上げたいと考えながらも、「自然を改造する仕業としてのアート[*11]」の壁を乗り越えられずにいた。そんなときに芸術音楽の専門教育を受けたはずの「作曲家」を名乗る人物が、そうした自然界の音を含めた地球規模の音の世界をダイレクトに扱っている！ その事情を知るため、彼のもとに留学したのが一九八〇年のことだった。

　「サウンドスケープ」という用語を、単なる「ランドスケープ」からの造語を超えたひとつの環境思想として位置付けたのは、カナダのマリー・シェーファー（R. Murray Schafer, 1933–2021）であり、その発信において重要な役割を担ったのが、彼の主著 *The Tuning of the World*（1977, 邦訳『世界の調律』一九八六年）だった。カナダで私は、サウンドスケープ概念展開の拠点となった「世界サウンドスケーププロジェクト（ＷＳＰ）[*12]」をテーマに彼の活動現場を各地に訪ねながら調査研究を進めた。そのポイントを要約すると次のようになる。

　シェーファーによるサウンドスケープ概念提唱の背景には、彼自身が当時、

＊10　かつて池袋西武百貨店内にあったセゾン美術館に併設された前衛美術書専門書店。その音楽コーナーでは、当時日本で入手困難だった現代音楽の各種レコードを扱っており、他ではめったにきけない音楽が常時ＢＧＭのようにかかっていた。

＊11　芸術の定義には次のようなものがある。「人間が自らの生と生との環境とを改善するために自然を改造する力を、広い意味での art（仕業）という。そのなかでも特に芸術とは、予め定まった特定の目的に鎖《とざ》されることなく、技術的な困難を克服し常に現状を超え出てゆこうとする精神の冒険性に根差し、美的コミュニケーションを思考する活動である」。佐々木健一『美学辞典』東京大学出版会、一九九五年、三一頁。

＊12　世界サウンドスケープ・プロジェクト［World Soundscape Project］は、シェーファーが一九七〇年頃、当時所属していたサイモンフレーザー大学（ＳＦＵ）内に設立したサウンドスケープ調査を目的とした組織。メンバーに

騒音に悩まされていたという事実があった。彼はそのとき「作曲家」、つまり人間がつくった楽音で作品を構成するという専門を超え、「騒音公害は人間が(自分自身の周囲の)音を注意深く聴かなくなった時に生じる。騒音とはわれわれがないがしろにするようになった音である」と主張した。そして「今日すべての音は音楽の包括的な領域内にあってとぎれのない可能性の場を形成している。鳴り響く森羅万象に耳を開け!」と呼びかけた。そこに、近代の芸術音楽の素材である楽音から騒音、あるいは環境音への、また音楽から音環境への意義深い越境があったのである。

このように、彼がコンサートホール内の特殊な音響空間からホールの外側の都市空間に越境した背景には、一九六〇年代の北アメリカを中心とするエコロジー運動に代表される環境への問題意識の高まり、西洋近代音楽の枠組みからの解放の欲求、非「西洋/近代」音楽への再確認もしくは発見といった、相互に関連する当時の思潮や精神があった。さらに「非近代」という意味では、そこにはピュタゴラス以来の古代ギリシアの音楽観にみられる「ムシカ・ムンダーナ(天体の音楽)」[*13]概念にも通じるものがあった点も重要な点である。

いずれにせよ、サウンドスケープという考え方を提唱したとき、シェーファーは音の環境問題(さらには当時の環境問題)の本質を、現代人の聴取態度における音楽への偏向、もしくは音楽以外の環境音一般への閉鎖性に求めた、と考え

は、バリー・トゥルアックス[Barry Truax]、ヒルデガード・ウェスターカンプ[Hildegard Westerkamp]等がいた。

*13 ムシカ[musica]は、現在の音楽(ミュージック/music)の語源で、古代ギリシアの音楽概念ムシケーが中世に継承されたもの。三つのムシカのうち、ムシカ・ムンダーナ「天体の音楽/宇宙の音楽」は、自然や宇宙の根源的な現象「天体のハルモニア」と位置づけられていた。

ることができる。彼の問題意識は、現代人が音楽というテクストに集中するあまりに、そのコンテクストとしての音環境(さらには環境そのもの)から切り離されてしまったということにあり、それは現代社会がその根本に抱える問題への指摘としても注目に値する。

サウンドスケープ研究

帰国した私が、日本の都市をフィールドとしたサウンドスケープ研究を行うため、仲間たちと結成したのは「神田サウンドスケープ研究会」というグループだった。神田を調査フィールドにしたのは、そこに職場があったからだった。時代はちょうどバブルが始まりつつある頃。昔ながらの看板建築が次々と姿を消していく都市空間に自分たちの耳と身体を開きながら、私たちはその地域に長年お住まいのかた・働いているかたたちに、「神田の音と昔と今」について、さまざまな切り口からお話をうかがった。

その結果、いくつかの興味深い事柄が明らかになった。たとえば、神田駿河台にある「ニコライ堂の鐘の音」をテーマにした調査からは「鐘の音をめぐる多様な耳」の存在、さらには「鳴っている鐘を聞いていない人」がいる一方で、「鳴らない鐘を聞く人(鐘の音の可聴範囲外にいても、あるいは鐘の音が実際には鳴っていないときにも、鐘が聞こえていると思っている人)」の存在を把握することにな

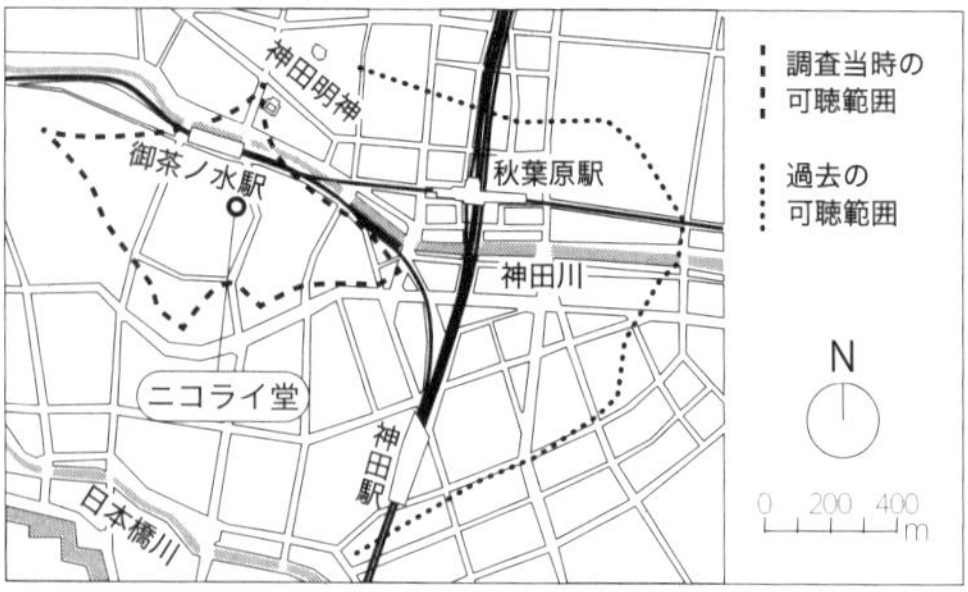

ニコライ堂(右)の鐘の可聴範囲(左)

った。これによって、音の世界の実態が「物理的な音の世界」を超えた人々の暮らし等に依拠していることを明らかにした。

ＷＳＰの調査においては、たとえばフランス北西部ブルターニュ半島南岸に位置する漁村レスコニルで、村人たちが海岸で聴く波音から天候の変化を予測することが報告されている。つまりＷＳＰのメンバーたちは自身の暮らしの場である都市ヴァンクーヴァーを離れ、ヨーロッパの町や村というある種の異文化の地を訪れたときにはじめて、サウンドスケープを主体と外界との「相互作用の場」として意識することになった。これに対して私たちが、神田という身近な環境に身を置きながらも、サウンドスケープという言葉や考え方を手がかりとして、特定の土地に蓄積された記憶を含めた「相互作用の場」として環境の内実を把握できたのは、大きな成果だったと言えよう。

このように帰国後の私は（その活動形態は変化しつつも）、このコンセプトの日本における展開の可能性をめぐり各種の活動を続け、既に四〇年となる。そうしたなか、サウンドスケープという用語とその考え方が、私たちの生活や生命を支える「音の世界全体」に及ぶものであること、さらに私たちの生存そのものにも深く関わることを、日本各地で訪れた調査研究やプロジェクト実践のさまざまな場面を通じて実感してきた。

神田サウンドスケープ研究会、トヨタ財団第四回「身近な環境をみつめよう」予備研究報告書「神田のサウンドスケープ：その歴史と現状」一九八六年九月、二四頁に掲載の図を元に作成。

多様な耳がとらえた ニコライ堂の鐘の音の意味

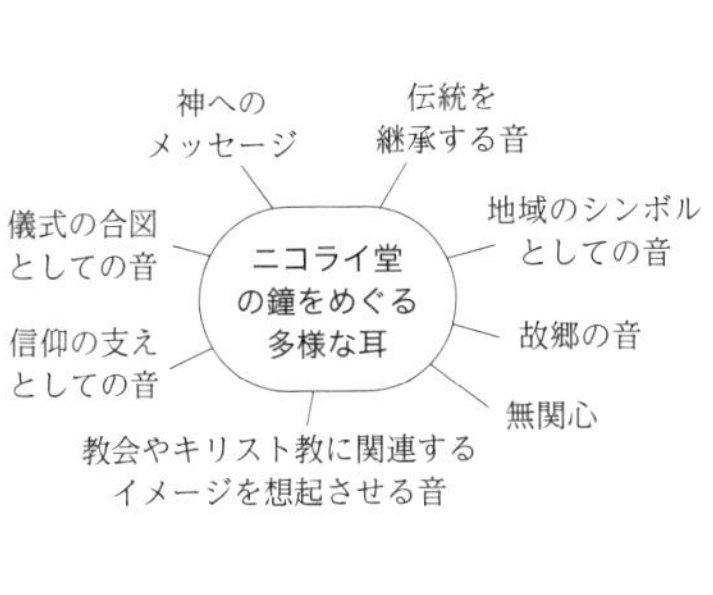

この図の内容を含め「神田サウンドスケープ研究会」の詳細は、鳥越けい子「音の風景からたどる都市」佐藤健二編『二一世紀の都市社会学3　都市の読解力』、勁草書房、一九九六年、一三三―一八一頁を参照されたい。

私はこれまで、サウンドスケープという考え方の特徴を、「現代社会における耳の感性・音の美学の復権」「五感と全身感覚の重視」「現場性（「いまここで」という感覚と発想）の重視」「近代文明が分断した諸領域の統合への志向」「目の前のモノにとらわれない感性と発想を大切にする」「現在を記憶と未来に繋げる／記憶と未来から現在を捉える」といった文言によって解説してきたが、これらの特徴に共通するのは、サウンドスケープという言葉とその考え方に内在する「越境性」である。というのもまず、「サウンドスケープ（音の風景）」が問題にするのは「サウンド（音）」のことではない。サウンドスケープという考え方を通じて、私たちは音（もしくは音の世界）を手がかりにしつつも、それが成立する環境や文化を扱うことになる。そこには、物理的な現象に留まりがちな（感覚刺激的な）音響から、その背景に広がる社会や文化への越境がある。

サウンドスケープ・デザインとサウンド・エデュケーション

環境デザインに関わる実務への参加の機会は、次のようにして訪れた。帰国後に復学した東京藝術大学大学院在学中、聴講していた美術学部デザイン科開設の「環境造形デザイン」をテーマにした特別講義の講師、西澤健氏（当時（株）GK設計副社長）より、横浜駅西口広場の裏手を流れる派新田間川《はあらたまかわ》にかかる西鶴屋橋のデザインプロジェクトが始まるのでそこに参加してみないか、という話をいただいたのである。

私はその頃、庄野泰子と田中直子という二人の仲間と共に『世界の調律』の邦訳を手掛けていた。そうしたなかで私たちは、機会があれば特定の現場を対象とした環境デザインのプロジェクトにも参加してみたいと考えていた。そのため、三人で「サウンドスケープ・デザイン研究所」を結成し、西鶴屋橋の設計チームに加わることになったのである。

デザインに当たっては、まず現場の空間がどのような特徴や問題をかかえているかを、自分たちなりに読み込むことから始めた。計画内容の決定に先立ち、何度も現場に足を運んだ西鶴屋橋は、横浜駅の最も近くに位置する橋のひとつで、歩行者の横をバスやトラックを含む多種多様な車が数多く通過し、上には首都高横羽線の二重の高速道路が走っていた。私たちの観察によれば、通勤通学者をはじめとする多くの人々は無意識のうちに聴覚を鈍化させ、周囲の環境との関わりを断ちながらその橋を利用していた。その劣悪な音環境は、違法駐車か放置かの区別もつかないような自転車が置かれた橋の上の「見捨てられた都市空間」の空間特性に直結しているのと同時に、それまでの都市計画の抱えるいくつかの問題をシンボリックに伝えているように思われた。

単なる「サウンドデザイン」を超えた「サウンドスケープ思想に根ざしたデザイン活動」をめざしていた私たちにとって、この現場の劣悪な音環境はむし

ろ好条件に思われた。その橋が、人々が無意識に耳を塞いでしまうような環境の只中にあるからこそ、そこに仕掛ける新たな音を通じて、行き交う人々を「自分たちの耳が閉じられていた」という事実に気づかせることができるのではないか。それまで働かすことのなかった都市に対するクリティカルな耳を取り戻すきっかけをつくれるのではないか……。自分たちのデザインにより本質的な機能を担わせるための格好の舞台がそこにあったのである。

その結果、到達したのが、橋そのものの振動と周囲の空間の音響エネルギーを利用し、[*14] 欄干のなかに組み込まれた音具が微かな音を発する「ささやきを奏でる橋」というコンセプトだった。音具が最終的に発する音は、高周波数帯域の断続音(金属片の振れ合う音)で、それを、分厚い環境騒音のなかで、注意していないとはっきりとは聞こえない程度の音量になるよう調整した。「橋のささやき」が通過する人々の耳をふととらえ、意識を橋とその周囲のエリアに分かち難く結びつけていく。同時に、「ささやき」の背後に広がる周囲の音環境のなかから、さまざまな音が生き生きと聞こえてくることを意図したのである。

つまり、私たちがデザインしたのは「橋の音」ではなく、そのささやきによって変容する人々の「耳の意識」であり、それが触発する「全身の感性」だった。その橋を利用する人々と橋を取り巻く環境全体との間に「生きた関係」を取り結ぶこと、さらに言えば、そのような関係が成立する「状況づくり」だっ

音具の音と環境騒音の関係

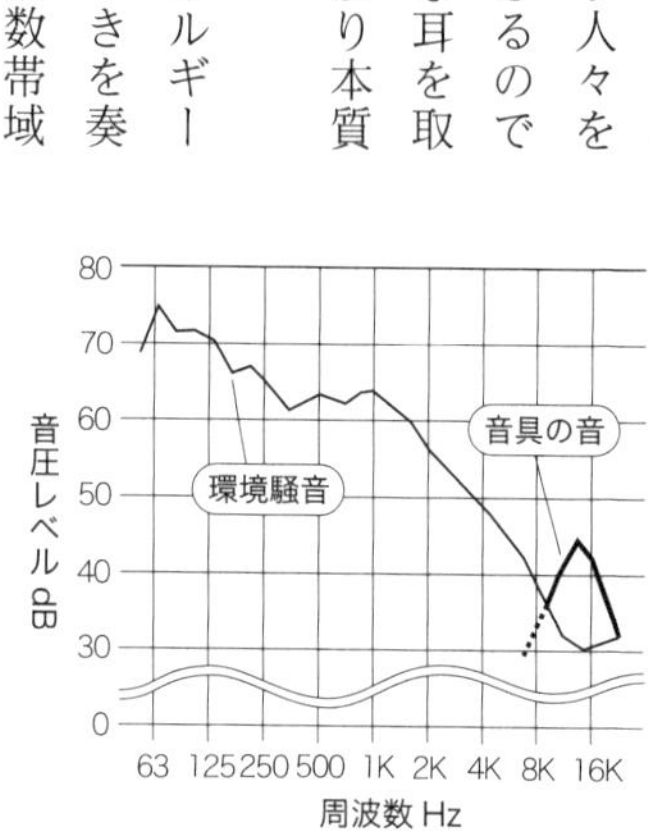

*14 発音体を内蔵した一六のユニットを欄干左右に八個ずつ組み込み、同地点の地覆(高欄の基礎)に設置した振動エネルギーを拾うセンサーに連結した。構造物としての橋は、免震性のビルと同様、常に微妙に揺れている。可聴領域より低い振動数と周囲の空気振動を合わせた総合的な振動エネルギーが音具を作動させるこのシステムを通じて、通行人は音としては認識しない橋そのものの振動にも敏感になる。

たのである。
このような意味で、サウンドスケープの考え方を踏まえたデザイン活動とは、音の世界に対する感性を取り戻す活動、即ち「サウンド・エデュケーション」と表裏一体のものである。この点に関連してシェーファーは、音と静けさをテーマにした一〇〇の設問から成る課題集『サウンド・エデュケーション』の序で次のように述べている。

> 『世界の調律』は人類の音の歴史について論じた本である。私はその中で、騒音というネガティブなテーマ全体をくるりと裏返し、サウンドスケープ・デザインというポジティブなテーマの探求へと転換する方法を説明した。サウンドスケープ・デザインとは私にとって、「上からのデザイン」や「外からのデザイン」を意味するものではない。それは、「内側からのデザイン」である。できるだけ多くの人々が、自分の周りの音をより深い批評力と注意力をもって聴けるようにすることによって達成される「内側からのデザイン」なのである。*15

私たちが手がけた「ささやきを奏でる橋」のデザインとはまさに、こうした意図を持った活動だったのである。

欄干に配した音具の平面位置（抜粋）

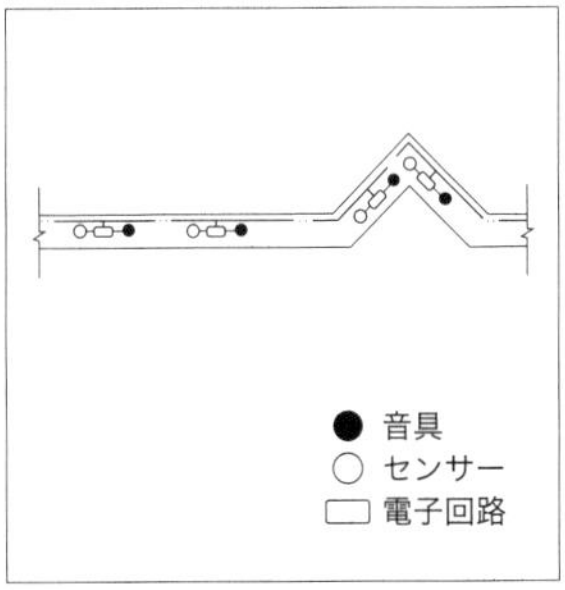

音具の構造（概念図）

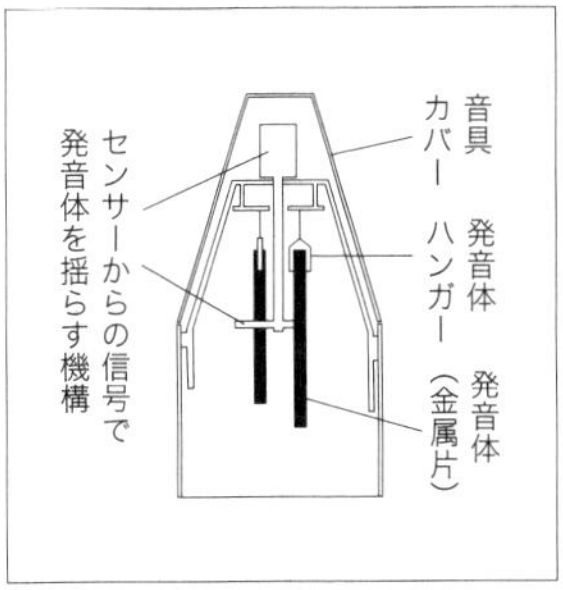

サウンドスケープ・デザインについては、さらなる解説や議論を加えたいところである。が、その本質を簡単にまとめるとすれば、それは社会や自然界を含めた環境（さらには地球そのもの）を聴くという感性を、現在社会に取り戻そうという活動全体を意味する、と私は考えている。本書の書名『触発するサウンドスケープ』は、サウンドスケープというコンセプトがそうした活動の触媒になり、音から人々の感性を触発し、環境との生きた関係を取り戻すきっかけをもたらす、ということを表したものである。

本書の位置づけ・目的

繰り返しになるが、サウンドスケープの考え方においては、音楽や言語、あるいはそれらが記録・再生されるラジオやレコードなどの音を含みつつも、都市の騒音というい わば「廃棄物のような音」までもが議論の俎上に上がってくる。またそうした「人為・人工の音」に留まらず、潮騒や風の音、虫や鳥等の生物の音などの「自然の音」、さらには静けさや賑わいといった音環境の特定の状態をも問題にする。このように、人間にとって現時点において制御不能な都市の環境騒音[*16]から、人間を超えた自然界の音までをも含む「音の世界の全体」と向き合うところに、サウンドスケープ概念の文明史的意義がある。

サウンドスケープとは「音の世界を体験する行為によっておのずと立ち現れ

＊15　R・マリー・シェーファー、鳥越けい子・若尾裕・今田匡彦訳『サウンド・エデュケーション』春秋社、一九九二年、五頁。

＊16　環境騒音［environmental noise］は、屋外のある地点において、特定の音源のはっきりわかる騒音だけでなく、不特定多数の騒音が混ざっている騒音の総和をいう。

てくる意味世界」であるとも言える。が、それは単に主体を取り囲む音の世界ではなく、主体が能動的に関わって成立する世界でもある。つまり「聴く」という行為は単に受動的なものではなく、それ自体がときに創造的な活動でもある。サウンドスケープが「サウンドスケープ・デザイン」や「サウンドエデュケーション」といった考え方や行為と深く関係するのはそのためである。

一九七五年にシェーファーがブリティッシュ・コロンビア州のサイモン・フレーザー大学から離れ、オンタリオ州に移り住んで個人的な創作活動に戻った背景のひとつには、自ら提唱しその深化を推進した概念であるサウンドスケープと自分自身の関わり方を、個人的な次元の活動に引き戻そうとしたことがあった。その具体的な表れが一九八〇年の〈野生の湖のための音楽〉を皮切りにシェーファーが展開した、従来の「音楽活動用の空間」ではない各種の生きた環境との交流のためにつくられた新しいタイプの一連の作品の制作だった、と私は考えている。

西洋近代は、音楽芸術のための「しかるべき場所」をコンサートホールに求めてきた。そうした芸術としての音楽が我が国に導入されたのは、明治という時代が始まって以降のことだった。既に考察したように、道灌山をはじめとする虫聴きの名所と、コンサートホールの内部空間とを比べたとき、両者はさまざまな点で異なる。たとえば、コンサートホール内の鑑賞対象としての楽曲を構成する素材は、楽器等によって演奏される人工音である。それらは、基本的にコントロール可能な（というか人間にとってコントロールされた音環境の極致としての）楽曲としての音響体が、聴衆による集中聴取と交わるところに出現する。一方、道灌山に訪れる人の主な鑑賞対象はそこに生息する虫が発するさまざまな音であり、それらを草木が揺らす風の音のなかで聞く。いずれも、人間のコントロールの効かない刻々と変わる自然界の音である。また、この地を訪れる人々の話し声は「行楽地のざわめき」であるのに対して、ホール内での楽曲演奏中の会話は「禁止事項」で、本来そこにあってはならない音とされる。道灌山では誰かが気ままに月に向かって吹く篠笛の音色が響いていたかもしれない。

日本ではかつて、歌舞《かぶ》音曲《おんぎょく》や「楽の音」は、その背景に存在する世界全体といわばシームレスにつながっていた。しかし、その後の日本では、音をめぐる各種文化の領域においても「西洋近代化」が強力に押し進められていった。戦後に至っては、日本でもさまざまなオーディオ製品が開発されるようになった。とりわけ私が日本を離れた一九八〇年前後にはそうした動きに拍車がかかり、一九七九年にウォークマンが、一九八二年に商業用のコンパクトディスクが売り出され、国際的な音源のポータブル化やデジタル化を、日本の企業が牽引するような情況が出現した。

その後さらにiPodやiPhoneの導入を通じて、音楽を中心としたコンテン

寝殿で琵琶を掻き鳴らす匂宮とそれを聴く中君

ツの聴取が身近になり、本来は環境全体に開かれているはずの人間の耳を「人工世界の内側に閉ざされた回路」のなかに押し込めていった。さらには、近年のSNSをはじめとするネット社会の席巻によって、私たちの身体や生活そのものがローカルな土地との関係とは関係のない大企業が構築するデジタル世界の回路のなかに取り込まれていくという情況が展開している。[*17]

本書を読み進むためのガイダンス

サウンドスケープの考え方の本質には、テクストからコンテクストへの越境があり、そこには「音の世界に関する脱構築の思想」がある。つまり、従来の音楽概念が「作曲する(compose)」という行為を基本とするのに対して、サウンドスケープという考え方はそうした音をめぐる既成の枠組みを解体(decompose)する。それは、ポストモダンの時代を象徴する「脱構築／作品の解体」に留まらず、私たちが日々の営みを通じて世界との間で展開する「主体と外界との間を循環する生きる回路」そのものに関わるものである。つまり、人々の聴取活動が囚われがちな現代社会の構造に依拠する回路を、より開かれた新たな回路に改変・拡大しようとするものなのである。

サウンドスケープという言葉には、このように無意識のうちに固定化された知覚の枠組みを乗り越える「生きのびるためのデザイン[*18]」にも通じる広義のデ

「宿木 三 絵」『特別展覧会 源氏物語の美術』京都国立博物館、一九七五年より。

＊17 この論点は、トロント大学情報学部教授、ジェレミー・パッカーによる講演「サーキットとサーキュレーション」(二〇二三年四月八日開催の青山学院大学総合文化政策学会第一回研究会「ポスト・マクルーハンのメディアとフェミニズム：カナダの文化研究を知る」)による。

＊18 この言葉は、ヴィクター・パパネック著、阿部公正訳『生きのびるためのデザイン』晶文社、一九七四年を元にしている。

ザイン活動に繋がる要素が含まれている。それは、世界の解体に留まらず、何らかの新たな創造行為と表裏一体のものとして展開されるべきものである。サウンドスケープ・デザインの活動のフィールドは広大である。事実、私自身がこれまで参加したプロジェクトには、周囲の環境に耳を開くための橋や遊具、庭や家、野外博物館、その他多様なテーマやタイプのものがある。

そうしたなかで、本書が取り上げるプロジェクトはいずれも、従来のアートとソーシャルデザインとの中間領域に位置すると言えよう。すなわち、私たち三名の筆者が、特定の土地との長年にわたる対話のなかでさまざまな思索と実践を重ね、ある種のパフォーマンスとして成立させている活動、というタイプのものである。

そのプロジェクトのひとつ、故郷の池のために企画実施してきた〈池の畔の遊歩音楽会〉を私が開始したのは二〇一〇年。その一―二年前に知り合ったのが本書の二人の共著者たちだった。彼らもまた、特定の土地に身を置き、そこで形成された社会やその背景に広がる世界を聴くための古くて新しい道を拓こうとしている者たちだった。彼らと私はその道を、ある部分では共通し別の部分では異なるやりかたで辿ろうとしているように思われた。

彼らの現場を、私はときにプロジェクトのメンバーとして、ときに取材者と

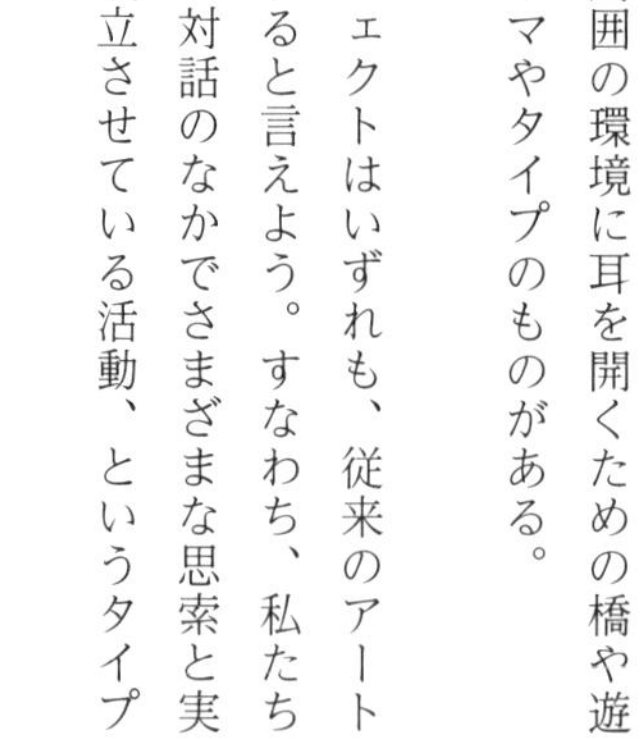

筆者が手がけたプロジェクト事例 〈風聴亭〉(右上)、〈瀧廉太郎記念館庭園〉(左上)、〈みみのオアシス〉(杉並「知る区ロード」のポケットパーク)に設置した遊具のひとつ「かがむみみ」(下)

して訪れるようになった。彼らもまた、私の活動現場を訪れてさまざまな形で協力してくれた。そのような関係が生まれて一〇年ほど経った頃、私たちは各自の実践の背景にある問題意識や、そこでの体験や思索等を定期的に語り合うようになった。それぞれのプロジェクトをめぐる立場や視点の違いがある一方で、どこか深いところで共通する意識がふと垣間見られる瞬間があり、それが味わい深かった。

本論で取り上げるプロジェクト、即ち、星憲一朗が京都法然院で開催する〈電子音楽の夕べ〉、ならびに宮城・山形・長野の各県にある古い温泉場での企画、また「都市楽師プロジェクト」を主宰する鷲野宏による、首都の中枢を流れる川の上で楽師たちを乗せた船から都市空間を愛でる〈名橋たちの音を聴く〉、そして先に触れた私が自分自身の地元としての土地の物語を発掘・発信するために実施している〈池の畔の遊歩音楽会〉、以上に共通する主要な点には次のものがある。

まず、これらのプロジェクトはある種のパフォーマンスをその主要な要素の一部としながらも、いずれも従来の意味での上演芸術もしくはイベントではない。それらが展開する場所は単なるステージではなく、それぞれのプロジェクトが「対話の相手」として選んだ土地であり、その場所で展開する生きた社会や自然とのセッションそのものが、各プロジェクトの目的や内容となっている。いずれのプロジェクトにも音楽や歌、企画者による解説等の「人為のテクスト」としての音が入っているが、それらは現場の土地の物語、すなわち土地固有の環境や歴史を体験することを目的に、慎重に選ばれ、整えられ、創作されたものなのである。

たとえばそこに、突然の降雨から車のクラクションの介入など、コントロールできない要素の介入がある。その瞬間が風景として立ち現れるところにこそ、これらプロジェクトの寄って立つ根拠がある。

一方、相違点は多岐にわたっている。まず何よりも、それぞれのプロジェクトが「しかるべき場所」として選んだ土地の実態は、京都の古刹と日本各地の長い歴史をもった湯治場、江戸時代以降につくられた首都の運河の上、武蔵野台地に湧き出した池の畔、と実に多様である。サウンドスケープ論がその基本に据える要素に「水」があることから[*19]、各プロジェクトに現れる水に注目すれば、運河を満たして船を運ぶ役割を担うものから、扇状台地に出現し人々に潤いを与えるもの、地下のマグマの熱を伝え人々を癒してきたものまで、その存在のしかたは土地ごとに大きく異なる。

また、発音手段としての音響機器や、音素材としてのデジタルコンテンツの導入に関しては、意識的に回避しているプロジェクトがある一方で、それを不

*19 サウンドスケープ論においては、「水の惑星」地球における原風景の根源を水に求める。地理と気候は、音風景それぞれの土地固有な基調音を決定するとし、雨・雪・氷などに変化する水が、その姿と声をいかに豊かに変容させるかを論じる。

可欠な音源としているものもある。さらに、われわれプロジェクトの企画者たちとそれぞれの土地との関係、すなわちそれらの土地や場所を対話の相手に選んだ理由・経緯等もそれぞれ全く異なる。

これから紹介するいくつかのプロジェクトは、それぞれの土地に新たな音を投げかけることで、それまでは聞こえていなかった環境の声を引き出そうとしている。いずれも〈聴くこと〉を手がかりとして、人々の感覚のいわば「皮膜」をはがし、環境との間に生き生きとした交流を展開し、画一化の圧力にさらされ、閉塞感の漂う現代社会において、豊かな文化の再生・創造をめざそうとするものである。

読者のみなさまには、それぞれのプロジェクトのアプローチの面白さ、またそれらが浮かび上がらせようとする土地の姿を少しでも感じ取っていただければ幸いである。

——列島の深層への接続

星憲一朗

列島の深層への接続
寺院、茶と湯

——星 憲一朗

星憲一朗（ほしけんいちろう） 音楽家・プロデューサー。文明史。明治大学で神話学を、神奈川大学博士前期課程にて日本中世史を網野善彦に、宮田登に民俗学を、小馬《こんま》徹に文化人類学を師事。並行して糸魚健一らと涼音堂茶舗を設立、音楽文化と地域の文化の深層を探る活動を始める。地域特有の歴史や民俗からその地域にしかない可能性を立ち上げる試みを続ける。『電子音楽の夕べ』二〇〇三〜、京都・法然院、大覚寺、北鎌倉・東慶寺など、『鳴響』二〇〇八〜、鳴子温泉郷、『渋響』二〇〇九〜、渋温泉、『肘響』二〇一三、肘折温泉、エフエム京都『西陣connect』二〇二〇、『音の縁側』二〇二三など。

一 寺院の空間

八月も終わりかけの頃、京都・法然院で開催される『電子音楽の夕べ』は、二〇〇三年から始まり実に二〇年続いていることになる。滝のような蟬時雨の境内では、日が落ち暗くなるにつれ秋の虫が鳴き始め、夕闇に演奏が佳境を迎える頃には会場はもうすっかりと虫たちの声に包まれている。ここに身を置くと、夏から秋へ、世界がグラデーションとなって移り変わってゆくのが音からはっきり感知できる。この音楽会は「茶会」に擬して開催されているため、上菓子、香、そして抹茶のブレンドはすべて演奏される曲のイメージと当日の季節感とにとりあわされている。会場の「涼しさ」を含め、観客はその表現を感覚全てで味わうことができるのだ。

かれこれ二〇年も前のことになる。その頃、京都の一部の電子音楽家の間では、イヤホンからアンビエント[*1]を、お寺の縁側に座って聴くのが流行っていた。お寺の縁側に座っているといろんな音が絶妙な「間」で聴こえてくる。庭をながめながらイヤホンの内側の世界と外側の世界が溶解していく、これは実に面白い体験だった。当初の『電子音楽の夕べ』は、糸魚《いとい》健一さん[*2]はじめ電子音楽レーベル涼音堂茶舗[*3]を立ち上げた音楽家たちで、縁側でのその感覚をライヴという形で実現したいという、割と純粋な動機から出発していた。ご縁あって法然院という美しい寺院でコンサートを開催するお許しをいただき、それから時代が進むうち少しずつ経験も蓄積されテーマも移り変わっていった。そしてこれは決して意図したものではなかったのだが、この音楽会を開催するうち、不思議と音の世界と、このお寺が持つ、法然上人が伝えようとした思考の連なりのようなものが見事に響き合っている感覚に陥ることがあった。お寺に足を運ぶにつれご住職の法話にはっとさせられる機会も増えていった。そしてアンビエントという音楽を奏でる空間として、ここほどふさわしい場所もないと確信してゆくに至る。

　会場がお寺であることで、同じ音ひとつにしても市中で耳にする時とは全く違う響きに聴こえてくる。我々の様々な感性や思考が動員され、市中とは全く違う次元のことに気づかされるのだ。例えば夏に聴こえてくる音——滝のよう

electronic evening 電子音楽の夕べ
二〇〇三年より京都の古刹法然院方丈にて開催している電子音楽レーベル涼音堂茶舗による夕涼みの茶会。方丈で主にアンビエント系のライヴを、北書院、食堂などの各部屋には毎年のライヴの曲調と同じコンセプトで組み立てられた茶席を設置するのが大きな特徴である。ライヴは決まった客席は設置されず、茶席を楽しみながら縁側で浄土庭園を眺めながらなど思い思いのスタイルで聴くことができる。二一世紀の文人墨客が集う電子音楽の夕涼みとして定着し、いつしか夏の終わりの風物詩と呼ばれるように。

な蟬の声、カエルの声、様々な虫の声、蚊の羽音、ふっと吹く涼しげな風に揺られる葉のざわめく音。これらの音はどれも「夏の音」に他ならない聴こえ方をする音ばかりだが、その一音一音、音の一粒一粒が全て生命だということ。我々が夏の到来を感知するのは生命が発する音からだということ。ここでの音楽会は虫たちとの共演であり、その虫たちとは来年はもう一緒に共演することはないということ、そして普段は錯覚しているが、我々人間も来年生きている保証など本当は何もない。その次元に立ってみると、法然院の音の空間では、虫と人間の区別などさして意味のないものだったりするのかもしれない、とすら思えてくる。——といったここまでのことに、古刹の空間に身を置いた一瞬で気づかされる。おそらくこれが我々の文化にとっての「お寺」という空間なのだ。

寺院には多くの仏教美術や書画の作品が所蔵され、京都のような街では特に市民や観光客が文化に触れる場となる機能を果たしている。寺院が文化藝術の発信源になってきたのは何故かというその背景を辿ってゆくと、そこが文化の「受け皿」だったからという点に行き着く。エマニュエル・トッドによると、日本のような直系家族の文化を持った社会では家を相続する長男による社会や文化「根幹」の継承が重視され、次男以下を家から排除していく方向に力が働く。*4 だからこそこうした社会では、社会の荒廃を防ぐ安全装置として次男

＊1 アンビエント Ambient は環境の意。作者の意図や排した空気のような音楽を総称して使われる。ブライアン・イーノ『Music for Airports』(一九七八年)において提唱された。

＊2 糸魚健一 電子音楽家。京都を拠点に自らレーベル shrine.jp を主宰。涼音堂茶舗のほか、細野晴臣プロデュースでの daisyworld、12k(米)、RAWAX(独)、Pleasure Zone(独)などでも多くの作品を残している。

＊3 涼音堂茶舗 一九九九年設立の電子音楽レーベル。糸魚健一、いろのみ、Firo、snoweffect、OTOGRAPH、Coupie、武田真彦らのアーティストを輩出。アンビエントと茶の湯や中世の藝能に通底する思想に強く影響を受け、リリースに並行し京都や温泉地をはじめ本書にあるような特異な立ち位置で活動を展開している。

＊4 「弟たちの唯一の望みはまさに跡取り娘と結婚することである。さもなくば、彼らは兵士か、僧侶か、司祭になり、また人口動態的な拡大と工業

以下を受け入れる「受け皿」が発達し、その結果「受け皿」が、社会から不要としてこぼれ落ちる文学や諸藝能を担っていく事になる。中世の日本の場合、その重要な機能を果たしていたのが寺院であったと考えてみると、今に伝わる絵画や詩文などの作品の多くが寺院に伝わっていることにも合点がいくであろう。近世に寺院がその機能をすっかり失ってしまうと、代わって江戸や大坂などの「都市」がその機能を担うようになっていった。寺院や都市というイエ制度から排除された部分の受け皿が、社会全体を再活性化し、硬直化させないための装置として存在していた。寺院の機能それ自体が硬直化し始めた局面には、庶民の救いを大願《たいがん》に自ら市中へ身を投じる宗教者が多く現れた。末法の世、比叡山から市中へ下りた法然上人もそうした一人である。法然院のおつとめでは法然上人の言葉が今もなお生きた形で復唱され、空間の隅々でその思考に触れることができる。硬直化し閉じ込められてゆく社会から外へと離脱してゆく思考の軌跡を、今でもその寺の空間に触れ寺の行事に触れることで感じ取ることができるのだと思う。

均質化に抗する「地域」

この試みが実現しなんとか成立し始めた頃、特に大資本をバックにしている訳ではない我々のレーベルは当然の生存戦略として、各地に点在する電子音楽

化の時代にはプロレタリアになることである。権威主義家族の伝統社会では、事実、弛まなく聖職者と戦士が生産されており、ドイツ騎士団や日本の兵僧たちの場合などには区別がつかないほど似ている」(エマニュエル・トッド、荻野文隆訳『世界の多様性——家族構造と近代性』藤原書店、二〇〇八年、一二〇頁)。

の「シーン」と呼ばれる百人単位の経済圏を地道に繋いでネットワークを作っていくという戦略をとっていった。「シーンのある街」を地図上に落とし込んでいくと、我々がよく知る大都市圏を結んだ地図とはまた違った日本地図が現れる。どういうことかというと、「シーンのある街」というのは必ずしもその地域で最も大きな経済規模を持った街とは限らないのだ。「シーンのある街」とは、場合によっては急行も止まらない小さな駅だったりする。大抵はその地域の中心的な繁華街とはちょっと距離をおいた街にあり、レコード店や本屋、古い喫茶店、ちょっと変わり者の店主がやっている風変わりな店や、その界隈では名の知られたアーティストが地方公演を行うようなライヴハウスがあり、学生や若者の発表の場があり、大抵は学生街があった。こうしたささやかな経済圏が立ち上がってゆく背景には、様々な世代が交流する等身大の経済があり、その土地が纏うなんとも幸福な時代の空気があるように思う。少し昔には当たり前にあった地方都市のこうした小さく幸福な経済圏はまさに地域の文化の「受け皿」となり得ていたのだ。一方でその頃——二〇〇〇年代半ばは郊外型のショッピングモールがどんどん林立し、人々が風景の異変に気づき始めた時期だった。

「どんな田舎でも都会と変わらぬ暮らしを可能にする」——その言葉は、米国で始まった情報テクノロジーが、革命的に地域の経済を変えてゆくプロセスとその理念を確かによく表現していた。巨大なショッピングモールもまた地域の救済として登場し、その機能を果たしていた。国道沿いには路面店やショッピングモールの看板が並ぶようになり、日本のどの地域でも急速に同じような光景がみられるようになっていったのもこの頃だ。情報テクノロジーがもたらす「革命」はどんな地域にも均質なサービスを提供することを可能にする。こうした均質化に呑み込まれていかないよう、来るべき「革命後」の二一世紀には、地域はむしろ「均質化」に打ち勝つような、その場にしかない個性にフォーカスしていかねばならない——「革命」はこうした思想から出発していたはずなのだが、その結果としては、あっけなくも世界中に均質化の荒野のような地平が広がっていったという印象がある。日本でも「地方の時代」や「地方分権」というテーマは盛んにきかれるようになったが、結局はどこに行っても似たような景色が作られるようになり、むしろ各地の駅前から文化の拠点が次々と失われていった。二〇〇〇年代とはそうした時代でもあった。

そんな状況の中で、我々が「音と地域との関係」を探るようになったのは、こうした地域の個別性が破壊されつつあった状況と関係している。進化の方向として地域がどんどん同じ光景となる中で、我々がとっていたような駅前の細やかな経済圏と共闘していくような生存戦略を続けていくには、地域の個別性そのものと共闘していくほかないと思わされたのだった。

実際に様々な地域の現場に足を運んでみると、当然ながらそこでそれぞれの情熱を燃やしている人たちは、その地域にしかないもの、「ここにしかない何か」を皆真摯に追求していた。同時期に活発に動いていた地域づくりの「シーン」と、音楽シーンと、この二つの「シーン」をつなぐことで均質化に向かう世界の中に新たな関係を結び直すことが可能なのではないだろうか。地方の街とつながりを持つ中で、そんな直感に導かれて我々は東北や信州の山間部の温泉地とご縁を持つことになっていった。

二　温泉という古層

東北の湯治場には昔ながらの「湯治」文化が今なお色濃く残っている。一泊二日型の観光とは別に、農村や漁村から、心身を療養する目的で、一週間七日間を一回りとして、中には二回りも三回りもしていく人もいる。[*5] 豪華な食事が朝夕出てくる形式ではなく、自炊場やキッチンがついていて、持参したお米を炊いたり、温泉街の地元のお惣菜を買ったり、春は山菜、秋はキノコを温泉街に売りに来る行商のおばちゃんから食材を買って鍋を作ったりするのが最もスタンダードな湯治場の過ごし方だ。湯治宿の中には一合一〇〇円で白飯を出してくれ、お米を一合持っていくとそれも無料、というシステムの宿もある。そ

＊5　温泉地により、一ヶ月を一回りと数えることもある。

んな都会から来た若者には全く異文化の湯治場で、音楽を通して東北の文化の結晶のような「湯治」を味わってもらおうというのが、東北最大の湯治場である宮城県鳴子温泉でのプロジェクト『鳴響』の趣旨である。

『鳴響』はとても不思議なプロジェクトだ。いつも始まった瞬間から温泉街に魔法がかかったようになり、イベントというよりもそれ自体が物語のような場と化す。フィナーレには号泣してしまうお客さんもいた。一泊二日の体験そのものがひとつのファンタジー作品のようですらある。我々はすぐにこれが単なる音楽イベントを超えた力のようなものをもっていることに気づいた。それは決して我々の力ではなく、鳴子温泉という場の力に接続しているからこそであり、普段は見えない鳴子温泉が本来持っている力、なのだと思う。その意味で『鳴響』は確実に土地の物語が本来持つ力を引き出していると言えるのではないだろうか。

温泉での冒険を繰り広げるそもそものきっかけとなったのは、舞踏家・森繁哉さん[*6]との出会いだった。東北の湯治場をテーマに電子音楽を作っていると言うと、森さんは「それは実際に東北の温泉でやるべきだ。今、東北は面白いことをやろうとしている人たちが沢山いますから、ぜひ一度肘折《ひじおり》温泉にも来てください」と連絡先を渡してくれたのだった。

肘折温泉は出羽三山の主峰・月山麓にある、山形県の小さな温泉街である。

＊6 森繁哉 舞踏家、民俗学者。東北芸術工科大学教授、同こども芸術大学副校長を経て、日本古来の身体技法を現代芸術に昇華した数多くの舞台作品でフランス、ドイツなどに招聘。大蔵村柳渕地区に「すすき野シアター」「南山村芸術学校」などを開設し、東北の土地に踏みとどまりながらの活躍は中沢新一『哲学の東北』(青土社、一九九五年)、森と入澤美時との共著『東北からの思考』(新泉社、二〇〇八年)などに詳しい。

森繁哉さんに「今度の木曜日に来てください」と呼ばれて行ったその日、偶然にも肘折温泉は開湯伝説[*7]の日から一二〇〇年目にあたる日で、肘折温泉開湯祭が開催される日だった。その夜、人々が温泉街の神社に集まっているのを見ていると、真っ暗な山の方から松明《たいまつ》を手にした白装束の験者《げんじゃ》たちが温泉街に下りてきた。ふだん共同浴場に鎮座しているお地蔵様は輿《こし》に乗せられ蠟燭《ろうそく》が供えられている。まさかそんな光景が繰り広げられるとは思いもよらず「木曜日に来てください」とだけ言われて来た我々は、すっかりと肘折温泉の持つ魔法のようなものにかかってしまった。そしてその場所その地域の歴史と現代にあるものをブレのない直線でつなぐことで、普段は断絶されているように見える千年もの歴史と現代のその瞬間が一本の連続線で繋がりうることを知った。時空を超える回路が開くような感覚である。その験者たちは温泉街の宿の主人らなのだが、彼らは実際に山伏として修行に出る験者でもあり、この光景は現実と虚構の入り乱れた不思議な光景であった。一面から見れば宿の主人たちが山伏に扮した催しだとしても、ある角度からすればそれは確かに歴史とその瞬間の接続が成功していたのだ。当時東北芸術工科大学の教授でもあった森繁哉さんらは大学でのプロジェクトの一環として、学生たちが肘折とのご縁と交流の中から作品に仕上げた絵灯籠を、旅館や商店の軒先で夏の間点灯するという企画を肘折温泉と進めており、この日はその最初のお披露目の日でもあった。この企

＊7　肘折温泉開湯伝説　大同二(八〇七)年、豊後の国から出羽三山に巡礼に来た山伏が道に迷っていたところ、地蔵菩薩の化身である老僧に助けられ、肘折温泉の存在を教えてもらい「地蔵倉」に庵を結んだという伝説。地蔵信仰とともに南東北各地に点在する大同二年伝説の影を色濃く残す。大同二年は朝廷による坂上田村麻呂の東北制圧に関係した年である。この伝説から肘折の湯には「南無肘折地蔵大菩薩」と三べん唱えて入る慣わしがあったという。

画は大学から肘折温泉の地域の人々の手に委ねられ、「ひじおりの灯」として毎年続いている。いわばその日我々は確かに歴史に立ち会ったのだ。その夜にはこれからの湯治場を語り合う「現代湯治サミット」が開かれて、東北各地から湯治場の明日を担う若旦那たちが集結していた。その中に『鳴響』の世話役となる「旅館大沼」の大沼伸治さんがいた。大沼さんは東鳴子温泉でアートフェスティバルを開催していて、一度鳴子でお話ししましょうということになったのだった。

鳴子温泉での『鳴響』

ともあれ、こうして鳴子温泉で『鳴響』を開催するというプランは動き出していったのだった。思えば森さんは鳴子温泉で苦戦していた大沼さんのもとに我々を送り込んで何か化学変化を起こそうとしたのかもしれない。現地に足を運んで現地の人たちといろんな話をしたり、いろんなことを教わりながら計画を理解してもらい面白がってもらえるようになったりしていくうち、我々の考えも計画も少しずつ変わっていった。このときコンセプトを落とし込むのに大きな影響を受けたのが、中沢新一さんの『哲学の東北』だった。中沢氏はその本の中で「東北に向かって陣地を移動していく」こと、この時代に宮沢賢治の「四次元の芸術」を試みてみるということ、そしてそれを体現する森繁哉の活動と彼の思考を紹介していた。

宮澤賢治はしきりと、「四次元のミンコウスキー空間」のイメージをとりあげていますが、まさにそれこそ、東北的なるものの本質をしめしているのではないでしょうか。そこでは、なにもかもが音楽のような四次元の状態にあって、音楽が鳴り響いているあいだは、そこに壮大な宇宙が出現するけれども、音楽が終わってしまえば、もうそこにはどんな建造物も残っていない。建築にくらべると、音楽は弱いつくりをしています。しかし、その弱さはいかなる建造物をもしのぐ、強さをもつという逆説を発揮します。（一一三頁）

地方の時代と言われつつ街の駅前から文化の拠点が次々と失われていった時代、鳴子温泉はどんな均質化の暴力が襲ってこようともびくともしないような不思議な力に満ちていた。強烈な湯、強烈な街の個性、一度見たら忘れられない鳴子こけしの存在感。後から気づくのだが、街に満ちたその不思議な力こそが湯治場の力であり、病気を治してしまう力なのだ。この温泉地が持っている得体の知れない力と接続することができたら、均質化の荒野が広がりつつある状況を打開する糸口のようなものが摑めるのではないか。自分たちの中にはそ

鳴子温泉　姥の湯旅館自炊部　自炊棟は大正時代築。ここまで古い自炊棟は鳴子でも数えるほど。東北に伝わってきた湯治文化を実地で体験できる貴重な存在である。自炊部屋では映像集団東京食堂によるインスタレーションを施した。

名所案内　鳴子温泉郷最奥部、かつての「蝦夷」の世界の入り口である鬼首エリ

んな確信めいたものがあったのだ。

『鳴響』の構成要素

『鳴響』は湯けむり漂う鳴子の温泉街のあちこちを会場にして開催される。メイン会場となる湯治宿「姥《うば》の湯」[*8]の大広間で夕方から深夜にかけて開かれる電子音楽のライヴが始まるまでの間、観客はこけし店での『こけしセッション』や温泉街にまつわるトークショーをのぞいてみたり、温泉に入ったり、温泉街をぶらぶらしたりしながら夕方に会場に集まってくる。

「姥の湯」大広間で開催されるライヴはオーディオアーティストのタカハシマサトさん[*9]による特殊な音響装置で露天風呂に飛ばされ、温泉に浸かりながらでも楽しめるようになっている。鳴子温泉の湯治場としての特徴である大正時代築の自炊部屋には映像・空間インスタレーションが施され、観客はここでもライヴを楽しむことができる。観客は大広間だけでなく、自炊部屋で過ごしてみたり、露天風呂に入ってみたり、湯巡りを楽しんだり思い思いの過ごし方をすることができる。二日目は『田植えライヴ』や松尾芭蕉も通過した史跡「尿《しと》前《まえ》の関」でのパフォーマンスなど、フェスティバル全体のハイライトとなる森繁哉さんとの舞踊とのセッションや、希望者にはワゴン車で地元の方による名所案内のサービスがあり、鳴子温泉各所に点在する数々の「名湯」をめぐって

アへのコースと、鳴子温泉の起原につながる「潟沼」への大沼伸治さんによる湯治文化解説ガイドと二コースがあった。

南部牛追唄 佐藤民男さんとの「南部牛追唄」のセッション。

みたり、お店や湯船でお客さんどうし昨夜会場で言葉を交わした人たちと再会したり（これは実に普段の湯治場という場の日常で起きていることでもある）、温泉地の人しか知らないとっておきのスポットに案内してもらったりしているうちに、観客たちは鳴子温泉の世界観に引き込まれてゆくのである。

「南部牛追唄」

『鳴響』を開催するのに重要なモチーフとなった、東北の湯治場特有の音の風景がある。それは露天風呂から聴こえてくる民謡だ。東北の湯治場に行くと、湯気の向こうから気持ち良さそうな唄が聴こえてくる。記憶の中でそれはいつもなぜか決まって「南部牛追唄」なのだった。そんな幻想めいた光景を表現すべく実現した、栗駒在住の民謡のおじいちゃん佐藤民男さんとのセッションは、森繁哉さんとのパフォーマンスや『こけしセッション』（後述）と同様に『鳴響』の名物となっていった。

「湯の縁」

『田植えライヴ』は様々な湯治のプランを打ち出し続けている「旅館大沼」さんの「田んぼ湯治」——湯治場が閑散期の田植えの時期に、都会から田植えを体験しにきてもらい作業の後にお湯に入ってもらう——にジョイントし、田

湯の縁　田んぼを案内する高橋さんと筆者一行。こんなことも、あんなこともできる——高橋さんに言われるとなんでもできるような気がしてきていた。

植えが行われる田んぼを会場にライヴを行うという試みだ。中世には藝能の場そのものであったはずの田植えをもう一度「田楽《でんがく》」の場にできたら──そんな発想を話し合い、田んぼの持ち主である高橋耕司さんも本当に真摯に打ち合わせに付き合ってくださった。「電源はビニールハウスから引っ張れるから、ドラムでここまで持ってこられる」「ここをステージにした方がお客さんはこっちから見られて良いのではないか」。高橋さんからは様々な案をいただき、祀られている神様のことや地域の田植えのあれこれを教わったり、来年はこの田んぼでレンコンを作りたいという計画を聞かせてもらったりした。持てる人生の知恵を総動員し、温泉街でいままで誰もやっていなかったことに投入しようとする姿は、実に頼もしく生き生きとしていた。そんな彼らに既視感があった。それは黎明期のクラブシーンで人が集う場をゼロから作ろうと工夫を凝らし、そのために必要なあれこれを教えてくれた先輩方の姿だった。

森繁哉さんのアイディアで、ライヴではおむすびが出されることになった。東北で田植えは地域の「ユイ」として行われていたことも教わった。「ユイ(結)」とは農村の相互扶助で、あちらの田植えの時はこちらが、こちらの田植えの時はあちらがと互いに手伝いあう。そしてその時出されるのが「おむすび」で、人と人との「縁」を結ぶという意味合いが込められている。

秋田出身の斎藤真文さんによる「アラゲホンジ[*10]」の民謡とお囃子を基盤にし

田植えライヴ　いにしえの「田楽」を彷彿とさせるライヴ。アラゲホンジと舞踏家・森繁哉による。

た演奏に合わせて森繁哉さんが踊る。「踊る農業」を標榜し続けてきた森さんには得意の壇上だった。笛の音に合わせて、時折ウグイスが鳴く。なんとものどかな、東北の田植えと「田楽」の美しい光景。そして聴いたこともないような綺麗な声でカエルの鳴いているのを不思議に思っていると、高橋さんはそれはカエルが蛇に喰われている声だと教えてくれた。カエルはそうして「喰わねでケロ」と鳴きながら一日かけて喰われていくのだそうだ。

「鳴子の温泉街でしか聴こえない音」

『鳴響』を代表する事例のひとつが『こけしセッション』である。『鳴響』を準備する途中で、森繁哉さんから素朴な、そして極めて本質的な質問がなされた。「都会から若い人たちが音楽を聴きに来るのは良いことだけれども、君

***8 姥の湯**　姥の湯旅館には四つの全く泉質の違う源泉が湧いていて、宿の中で湯巡りができるという鳴子温泉の中でも稀有な湯治宿。観客は旅館にいながら「見たこともないような湯にいくつもつかる」という鳴子温泉の湯治の過ごし方を集約したような体験ができ、さらに他の施設の湯にも入ってみたくなる。その体験を演出することが『鳴響』の重要な要素になっている。

***9 タカハシマサト**　湘南地区を拠点に、音響インスタレーションやFM放送の企画制作など電波を扱う表現で活躍。桑原茂一の右腕としてクラブキングのラジオ番組で活躍し、ニッポン放送では小林克也の番組ディレクターも務める。Radio Freedom 主宰。

***10 斎藤真文／アラゲホンジ**　二〇〇七年、秋田県湯沢市出身のソングライター斎藤真文を中心に結成した音楽ユニット。東北地方をはじめ日本各地の民謡や伝統リズムと、ブラック・ミュージックの融合を柱に置き、「秋田音頭」「相馬盆唄」「リンゴ追分」などのカバー曲も独自のアップデートを加えて提示する。

こけしセッション　店の片隅に展示してあった手挽きの二人挽きろくろがこの日のために蘇った。斉一さんの祖父岡崎斉氏が使っていたものだという。文字通り、今まで聞いたことのない音が鳴る。

たちのその音楽は湯治場の人たちが聴いて面白いのか」。我々はすっかり面喰らい頭を抱えてしまったが、鳴子温泉に隠れている東北の湯治文化の魅力を浮かび上がらせる、というコンセプトに立ち返ってよくよく考えるうち、鳴子温泉の温泉街のあちこちから聴こえてくる、いや鳴子の温泉街でしか聴こえない音がいくつかあるのに気がついた。そのひとつが他でもない「こけしを削る音」だったのだ。ここから『鳴響』を代表する『こけしセッション』が始まっていった。鳴子伝統こけしの継承者であるこけし職人・岡崎斉一さんの「こけしを削る音」をマイクでリアルタイムに採集し、サンプリングしてその場で取り込んで組み立ててゆく。音楽になるか、ならないかのギリギリのスリリングなセッションである。あくまで音の興味は「こけしを削る音」の変化や躍動に向けられ、ここでは岡崎さんもセッションの一員、というよりむしろ岡崎さんこそがセッションのリーダーなのだ。

「温泉のような音楽」

プロジェクトを実現させる上で、大きな役割を果たしていたのが喫茶店だ。鳴子温泉街にある「たまごや」は鳴子温泉名物「わらび餅」を作ってきた老舗の和菓子屋でもあり、洋菓子店で修行した五代目の宮本武さんがケーキを出す喫茶店としても経営している。宮本さんは、音楽はビートルズしか聴かない頑固な人という評判だったが、実際お会いしてみると本当に頑固な人で、我々の音楽には特に興味をしめしている風もなかったが、何もわからず温泉街に入り込んでしまった我々に喫茶店を訪れる様々な人々を介して、地域の人々の数々の偉業やのっぴきならない事情などを教えてくれたのだった。地域の人に怒られてしょげているときは、何もきかずにあたたかい珈琲を出してくれた。初回の『鳴響』をどうにか成功させた頃のある日、そんな宮本さんが「君たちのやろうとしていることがようやくわかった」と切り出したことがあった。「温泉のような音楽。そういうことでしょう」。見ると、我々がお店に置いて行った『鳴響』の記事が載った『スタジオボイス』のアンビエント特集号に何本もマーカーが引かれている。彼は温泉街にやってきた奇特な若者たちのよくわからない音楽について、興味のない顔をしながら彼なりに理解しようとしてくれていたのだ。それから「温泉のような音楽」にたずさわるアーティストたちは鳴子温泉を訪れるたびこの喫茶店に集まるようになり、「たまごや」はいつしか『鳴響』を企画してゆく上で重要な拠点となっていった。喫茶店という地域の内側と外側をつなぐ縁側のような存在が、不可能に見えるような事業を達成してゆく中で重要な役割を果たしていたことは特筆しておくべきかもしれない。

鳴子御殿湯駅ライヴ　鳴子温泉郷のなかでも湯治に特化したエリアである東鳴子温泉に位置する鳴子御殿湯駅にて開催。文中にあるように最終日のグランドフィナーレとして開催されるが、二〇〇九年には森繁哉の舞踏とCoupie、いろのみのライヴによる「鳴子温泉に降り立つ旅人」が発表された。鳴子御殿湯駅舎でCoupieによるライヴが行われている中に旅人に扮した森繁哉が登場し、鳴子温泉行きの電車が来ると一緒に電車に乗り込んでしまう。鳴子温泉では好日館でいろのみのライヴが行われていて、そこに観客を引きつれながらたどり着く、という内容。観客は「旅の中で旅をする」ことになり、ふたつの温泉をつなぐというニュアンスも含まれている。
二〇一二年の尿前の関までのツアーでは松尾芭蕉の化身として登場するなど、旅人姿の森繁哉が観客を引き連れるというモチーフは『鳴響』ではおなじみの光景となった。

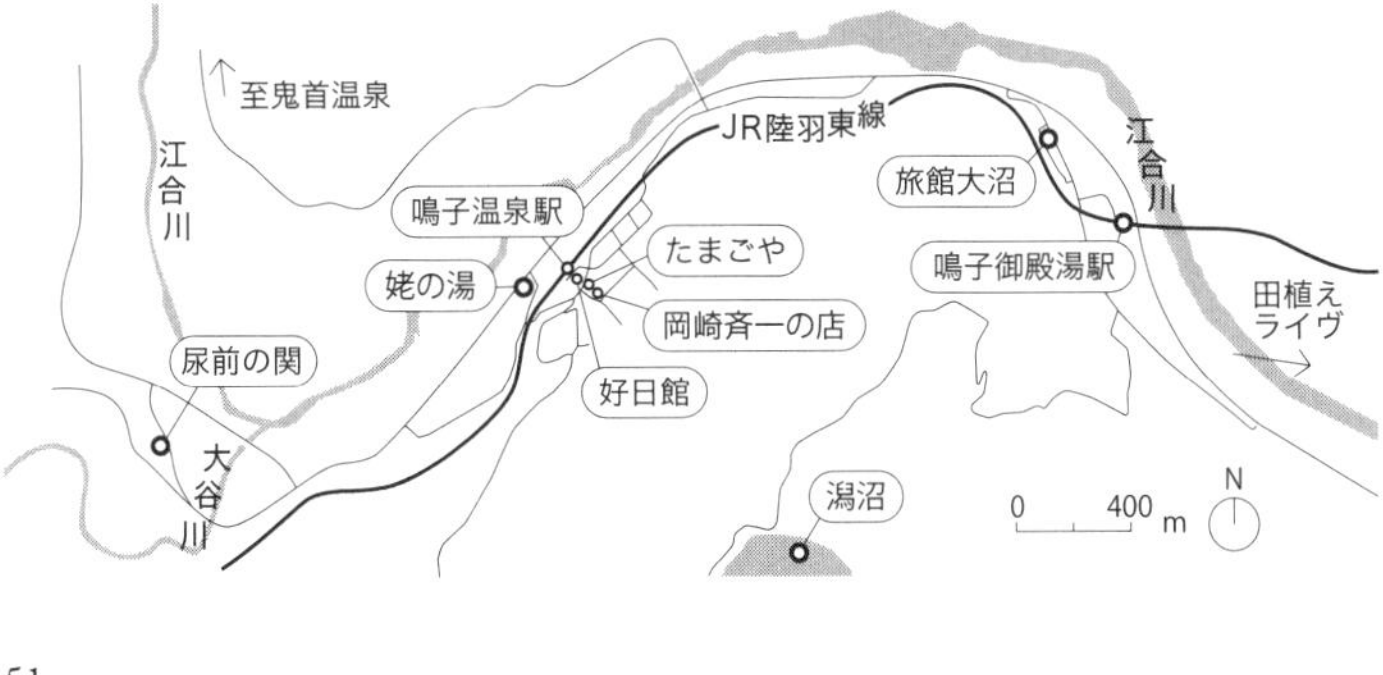
至鬼首温泉
江合川
JR陸羽東線
旅館大沼
江合川
鳴子温泉駅
たまごや
姥の湯
鳴子御殿湯駅
岡崎斉一の店
田植えライヴ
尿前の関
好日館
大谷川
潟沼
0 400 m
N

鳴響の会場マップ

鳴子御殿湯

『鳴響』のフィナーレは宮澤賢治の童話に出てきそうな美しいたたずまいをした鳴子御殿湯駅舎で行われる。東京に帰る終電の時間の迫る夕刻、アコースティックなアンビエントを得意とするアーティスト「Coupie」[*11]や「いろのみ」[*12]が演奏をしている。音楽が奏でられると、駅に発着する電車が束の間の夢のような温泉から現実に帰る列車であるような気がしてきてしまい、しばし感傷に浸ってしまう不思議。やがて帰りたくないのに終電は定時に来てしまう。まるで人生のようだ。東京に帰る観客と、見送る温泉街の人たち。ディーゼルエンジンと汽笛の音が鳴る。そこになんとも言えない感慨が巻き起こるのは、駅が「別れの場所」だからかもしれない。途中からはっきり分かったのだが、鳴子温泉が持ち続けている魔法のような力とは、おそらく「人間の生を肯定する力」なのだ。どの店もどの湯も自信に満ち溢れながら「これでいいのだ」という肯定のメッセージを発している。そこにいると「お前もそれでいいのだ」と言われている気がしてくる。土地の力が、「このままではいけない」と絶えず迫られているような都会とは、逆方向に働いているのだ。そしてこの力こそが病気を治す力なのではないだろうか。

＊11　Coupie　仙台在住のcobi.と石巻在住のyukkiによるアコースティックアンビエントユニット。素朴な編成と音色が不思議と東北の風土を思わせる独特な作風を持ち、『鳴響』を象徴するアーティストとなった。

＊12　いろのみ　柳平淳哉(piano)と磯部優(programing)によるユニット。ピアノと有機的なエレクトロニクスで「季節のさまざまな色の実を鳴らす」ことをコンセプトに活動している。

＊13　最もよく知られているのが野沢温泉の「野沢組」で、一三の外湯を地域住民が管理し、観光客にも無料で提供している。

＊14　宮座の平等原則　村落の祭祀を運営する宮座では、年齢階梯制をもとにした構成員の平等原則が貫徹され、中心をもたない円座がこの原理を象徴している。中世には村落のみならず都市の中での「座」もこの原理で運営がなされていた。この年齢階梯制と平等

渋温泉での『渋響』

信州の山間部の温泉は、地域を運営する古い仕組みが残っていることで知られている。この仕組みは中世の「惣村」に遡ると言われ、今も代表は「惣代」と呼ばれる超保守的な組織で温泉が運営されている。[*13]「惣村」とは宮座の平等原則[*14]をもとに合議で運営する自治の仕組みを持った村落のことで、中世末期には武装して村を守り、近世には年貢を請け負う単位ともなっていた。「乙名《おとな》」と呼ばれる老衆が村の決定権を持ち、その息子たち「若衆」組織が戦争や農作業などの力仕事を担う。渋温泉でもこの構造はそっくり残されていて、温泉街は決定権と役を持つ「お役目衆」とその息子たちの「青年部」の二重構造で成り立っており、源泉の管理から祭礼まで住人の手によって運営されている。青年部は地元では「ワケショ」と呼ばれているが、これは「若衆」のことだろう。『渋響』はその青年部とプロデュースチームを結成し、温泉街全体で運営と準備をしていくという稀有な形をとっている。

渋温泉は「湯田中《ゆだなか》渋温泉郷」と呼ばれる幾つかの温泉の点在する温泉郷の最奥部にあり、長野電鉄の終着駅・湯田中駅から車で五分ほどのところにある。鉄道は実は渋温泉まで引かれるはずだったそうだが、湯田中が通過駅となるのを嫌い、結果湯田中にターミナルができることになったという。[*15]かくして湯田

原則をもとにした社会のしくみは世界各地にみられその発生は新石器時代まで遡ると考えられている。

臨仙閣　昭和四年築、遊郭風の二階と、蔵の街並風の三階という、館外の街並みが屋内に逆転した戦前の不思議な温泉建築。『千と千尋の神隠し』のモデルのひとつといわれる金具屋斎月楼より古く、そのプロトタイプとなった幻の宿。

＊15　渋温泉「歴史の宿 金具屋」西山和樹さんのご教示による。

中には近代的な温泉街とホテルが立ち並び、一方の渋温泉は江戸時代からの街並みが取り残されることになった。

渋温泉を特徴づけるのは、宮大工が手掛けたという木造高層建築と湯屋が組み合わされた宿が連なる独特の景観である。その美しい景観は『千と千尋の神隠し』のモデルのひとつとも言われている。渋温泉も元は鳴子温泉同様に湯治を主体としていたが、近代化の中で一泊二日の旅館のスタイルへと適応していった。金具屋の西山和樹さんのご教示によると、これは北陸の温泉地からの影響だそうだ。長野県北部の物流は北陸とつながっていて、俯瞰してみると北陸からの文化的な影響が思いのほか強いことが見えてくる。近代化のプロセスの中でも北陸からの新しい文化をいち早く取り入れていく気風があったそうだが、おそらくはこうした新しいものを取り入れていく風土はさらに古い時代からあったのではないだろうか。

立春の千駄焼き

湯田中渋温泉郷には「千駄焼き」と呼ばれる修験系の独特の立春の行事があり、立春の日の温泉街には行く手を阻むようにしめ縄が張り巡らされる。渋の温泉街の入り口に位置する旅館「多喜本」に験者が集まり儀礼が行われ、猿田彦命に扮した験者が「多喜本」の表玄関から登場し、日本刀でその縄を切り落

千駄焼き 立春の重要な行事「千駄焼き」で「多喜本」からあらわれる猿田彦命。

としながら土地の鎮守である上林不動尊に向かい、そこで新しい年に新しい生命が宿る新春の儀礼が行われる。

『渋響』全体のオープニングはこの立春の儀礼をモチーフに組み立てられた。メイン会場のライヴが始まる前に「多喜本」で猿の仮面を被った森繁哉さんの踊りと演奏があり、そのまま森さんが「多喜本」の玄関から木刀を持って「臨仙閣」の大広間へと剣舞を舞い演奏しながら移動してゆくというパフォーマンスである。これはまさに立春に登場する猿田彦の「モドキ」[*16]であり、一般客には何やらただならぬ演目に見えても、ここに住む人は誰しもそれが何を意味するかわかるという構造になっている。

森繁哉さんは観客を引き連れ剣舞を舞いながらメイン会場のある「臨仙閣」の地下へと向かう。そして会場の大広間では電子音楽のセッションが展開し、全体のオープニングが演奏されるという構成である。地下の温泉に再生の儀礼のような雰囲気を張らせつつ、『渋響』が始まる。

音と湯と土地と

『渋響』はメイン会場として今は営業していない「臨仙閣」を一棟まるごと使って開催される。『鳴響』同様ライヴの音響は併設されている大浴場にも引かれ、観客は気が向いたタイミングで湯に浸かりながら聴くことができる。二

*16 折口信夫は、翁舞の分析を通して藝能の発生の根幹に関わる重要な要素となる「モドキ」という概念を提示している。《シテ‐ワキ》の構造は日本古代の《神‐精霊》の概念が藝能の単位として組み込まれたものであるとする。「此は大抵、翁の為事を平俗化し、敷衍して説明する様な役です。が、其に特殊な演出を持つてゐます。前者の言ふ所を、異訳的に、ある事実におし宛てゝ説明する、と言ふ役まはりなのです」(折口信夫「翁の発生」『日本藝能史六講』講談社学術文庫、一九九一年、一六四頁)

階三階のかつての客室は、それぞれアーティストのインスタレーションや民藝作品、さらには温泉芸者さん社中による唄と踊りや、お役目衆であり造形作家でもある一三代目寅蔵さんによる作品展、地元の鳩笛作りワークショップや、地域のお菓子を出すカフェが展開される。「臨仙閣」は屋内に温泉街のような意匠が凝らしてある特殊な温泉建築だけに、観客はどこにいるのか迷い込んだような感覚を味わうことになる。「異世界」という舞台設定は温泉地にとって、やはり重要な要素なのだ。「ここではないどこか」——通常とは異なる力で満たされた空間に身を置くことが、疲弊した心身を再生する力を引き出すことにつながっているのではないだろうか、という当たり前のことに気づかされる。

『渋響』を通して最も人気のあるプログラムが、温泉街最年長のおばあちゃん・松田れい子さんによる紙芝居だ。メイン会場のみならず、「金具屋」大広間では須賀川蕎麦集落[*17]の蕎麦打ち名人とのコラボで行われる『蕎麦打ちライヴ[*18]』、大湯や射的場や地元の食が楽しめる「路地の駅[*19]」など、『渋響』は温泉街あちこちで同時発生的に様々な催しが繰り広げられ温泉街全体を回遊して楽しめるようなプログラムになっている。

渋温泉は裏道に路地と温泉の配水パイプがはりめぐらされ、狭い路地を散策していくうちに思わぬお店や近道を発見したりする不思議な構造をもっており、『渋響』に来たお客さんはそうした路地の中にさりげない映像インスタレ

＊17　須賀川蕎麦集落　長野県下高井郡山ノ内町。渋温泉からさらに標高の高い高原地域にあり「須賀川そば」の産地として知られる。信州には蕎麦集落として知られる地区がいくつかあるが、北信州ではオヤマボクチ（ヤマゴボウ）の葉の繊維をつなぎに使った十割蕎麦が特徴である。

ーションが設置されているのを発見したり、隠れた名店を発見したりしている
うちに、探しているのが演目なのか通常の温泉地なのかの区別がつかなくなっ
てくる。全体像が把握できない錯覚に陥ることによって得体の知れない魅力を

獲得することに成功している。そしてそれも我々の力というよりもこの温泉街が普段もっている底知れない異界への魅惑の力なのだ。

『鳴響』で重要な役割を果たしていたのが喫茶店だとすれば、『渋響』でアーティストたちや「ワケショ」たちが集う重要な場となっていたのが蕎麦屋の「やり屋」であったことも指摘しておかねばならない。そこにいけば誰かがそのうちやってくる空間。観客たちも各会場での音楽や作品だけでなく、温泉街のそれぞれの湯、温泉まんじゅうや蕎麦といった地域の名物や文化を同列に楽しむことこそが『渋響』では重要なのだ。そして全体のプログラムのラストは「ワケショ」たちによる「木遣り唄」で締め括られる。「木遣り唄」は信州各地に残る御柱祭で柱を運び、境内に立たせるまで若衆が唄い続けるもので、渋温泉では「乙名」から「若衆」へ指導が受け継がれながら伝承してきたものである。歌が柱を立てるプロセスを象徴しているとすれば、それこそが『渋響』にふさわしい音楽そのものではないのだろうかと思うのだ。

肘折温泉での『肘響』

鳴子温泉と対照的なもうひとつの湯治場の街が、先述した山形県の肘折温泉である。朝市が名物で、こけしや自炊向けの食材が温泉街に並ぶ湯治場という意味ではよく似た印象の温泉である。特徴的なのは、肘折は出羽三山の山岳信

＊18　**蕎麦打ちライヴ**　『渋響』のプログラムのひとつ。二日目のお昼時に金具屋大広間にて行われ、ライヴを聴きながら地元特産の須賀川の蕎麦打ちを体験し、茹でて食べるという演目。観客は名人にコツを教えてもらいながら自分で食べる蕎麦を打つ、ディナーショーならぬランチショーである。

＊19　**路地の駅**　路地が張り巡らされている渋温泉に、地元のその地区単位で食べられているローカルなフードが並ぶ「道の駅」ならぬ「路地の駅」。無形文化財ともなっているはやそば保存会や、渋温泉に隣接する「金安地区」の消防団が手がける地元のクラフトビールのＤＪバー『路地の駅　GOLD RELAX』などが展開。GOLD RELAXはその後地域の青年たちのＤＪチームとしても活躍するようになった。

肘折郵便局でのライヴ　肘折郵便局での四倉由公彦(Coupie)＋磯部優(いろのみ)によるオープニングセッション。

仰[20]を色濃く残していることだ。宿の一つ一つがもとは修験の宿坊である歴史を持ち、共同湯「上の湯」には湯船に地蔵が安置してあり、湯治客が手を合わせ拝みながら入浴しているのもよく目にする。肘折温泉と鳴子温泉は「聖と俗」の好対照をなしているとみることすらできるだろう。温泉街の隅々にそうした治癒への信仰のようなものが色濃く刻まれている一方で、肘折温泉にはお湯の権利を持つ「三十六人衆」[21]と青年団が残っているという渋温泉とよく似た構造を持っている。この点を生かしながら肘折の青年団とともに開催した『肘響』は、「上の湯」の二階をメイン会場としたライヴとともに、山伏である坂本大三郎氏を招いて肘折温泉の背景を考える座学会も開催された。『鳴響』『渋響』に続いて開催された『肘響』には、より湯治場の秘密のようなものに迫ってゆくような構成が組み込まれることとなった。

「古層」との接続

「三十六人衆」の呼び名は室町時代後期の山城国一揆や堺の町衆などの合議による自治の場に現れる語であることからも[22]、肘折の温泉を管理する仕組みも中世に源を発していると考えられる。「三十六人衆」は中世史上の湊や都市的な場、一揆など通常の空間とは異なる「例外性」を強く帯びた場、網野善彦のいう「公界《くがい》」――大名権力の論理が立ち入ることのできない、俗世間とは別の

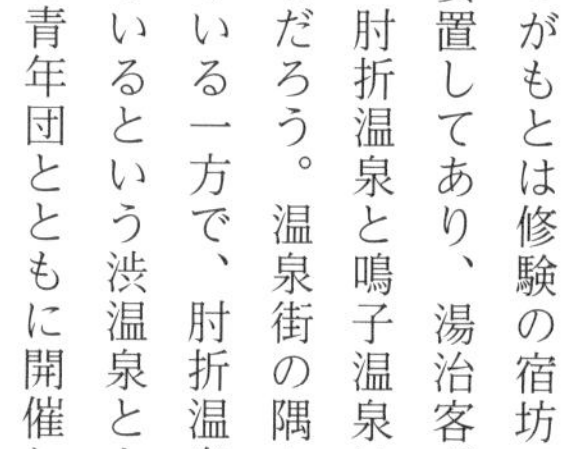
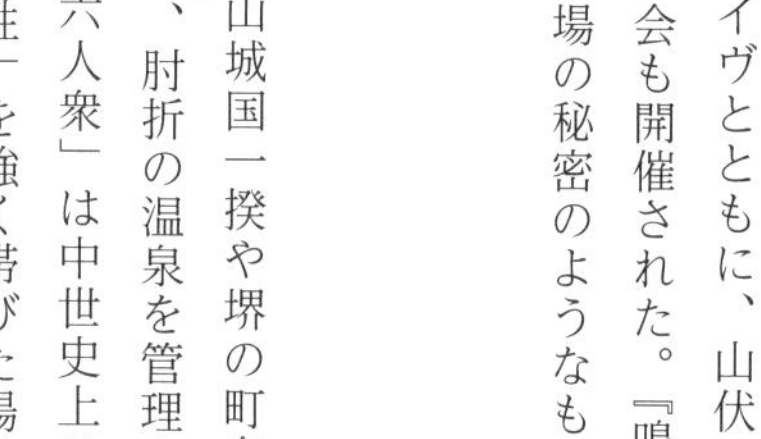

(右)「上の湯」に鎮座するお地蔵さま。
(左)『肘響』メインのライヴ。

原理によって秩序が成立する空間に特徴的に登場する。[*23] これはともすれば温泉が都市的な性格――俗世的な主従関係の通用しない「聖性」や「例外性」、つまり様々な土地の人々が行き交い「公界」につながる都市的な自由を体現する場であったこと、さらに言えば温泉が「階級社会以前」の、年齢階梯的な秩序や人類史レベルのさらなる古層の記憶に到達するような文化を体現する場であり続けていることの現れなのではないだろうか。

藤木久志氏は「現実には若衆が村の武力の発動に主体的な位置を占め、しばしば「年寄衆の下知」を超える行動を示していた」一方で、「若衆だけが単独で惣村を対外的に代表することはほとんどなかった」として、「老若」の構造が単純な「上意下達」ではなかった点も指摘している。[*24] 緊張関係をはらみながらも、若衆の主導力を年寄衆が追認してゆく構造に結実してゆくことが、一揆や戦乱の危機の時代に有効だったということだろう。渋温泉にそっくり生きていると感じるのはまさにこの構造なのだ。若衆の冒険的な試みを追認してゆく老衆の懐の深さ。ここに渋温泉が古い街並みを残しつつも、いち早く近代の波に適応できていった秘密があるのではないか。そんな話をすると青年部長だった関宗陽さん（現副惣代）は「あの人たち（老衆）も若い頃大人の言うこと聞いてなかったわけですから」と笑っていた。

「老若」や惣村の構造が危機の時代に展開してきたものだとするならば、そ

＊20 山岳信仰 修験に代表される、山岳を霊地とする信仰が日本各地に残されている。山形県では死者が帰る場所としての葉山信仰や、出羽三山にみるように山を母体に見立て擬死体験と再生を象徴する儀礼がみられ、その象徴体系の中では「湯」が重要な鍵を握る。

＊21 三十六人衆の単位は酒田にもあったとされ、地酒の銘柄にもなっている。

＊22 「周知のように、会合衆・三十六人衆などといわれた老衆は、月行事を選出し、恐らくは「多分の儀」、多数決原理にもとづく会合によって、都市の組織を運営していたのである」（網野善彦『増補 無縁・公界・楽――日本中世の自由と平和』平凡社ライブラリー、一九九六年、一一八頁）

＊23 網野氏は石母田正氏の説を引用し、この原理が支配関係よりはるかに古い時代に遡るものであることを指摘している。「年齢階梯的な秩序原理の上に立ち、「本来階級社会以前の、または未開社会の身分的分化様式であ

の残像が温泉に残っているのは温泉が農村というよりは都市――聖性や例外性を帯びた「公界」の性質を持っているからなのではないだろうか。こうした古い仕組みが残されたのはもしかすると山奥だからではなく、温泉だったからなのかもしれない。こうして考えてみると『渋響』を「ワケショ」たちとで協力して開催するという試みが温泉でこそ成立していたことは当初考えていたよりもはるかに深い意味があるのではないだろうか。

音や音楽という目に見えないもの、終われば消えてしまうものが失われた像を浮かび上がらせる。音というものを通して「残らなかったもの」、その地域にかつてあったものを一瞬のあいだ浮かび上がらせることができるのではないだろうか。この「一瞬で消えてしまう」ということが実は肝要で、その場に立ち会った人々の、この確かに垣間見たという感覚が、地域の未来に大きなインスピレーションを生んでいくことを感じている。

三　『音の茶の湯』へ

「音の観光」

音から京都の街を観光するという試みに最初に触れたのは、盲導犬ユーザーの方とともに京都の街を音だけで観光してみるという、京都大学総合博物館の

り、性別とならぶ自然発生的分業の秩序」であった。文献史料のみに即してみても、この秩序は戦国期をはるかに遡ることができるが、これこそ「公界」「無縁」の場における秩序であり、「公界者たちに特徴的な組織形態と、私は考える。下人・所従に対する私的な所有、従者・被官に対する主の私的な支配を軸とする秩序・組織と、それは本質的に異質な秩序原理であったといわなくてはならない」(前掲網野、九六―九七頁)

＊24　「老者・中老・若衆という相互に自立した年齢集団の共同、つまり「老若」という形をとって中世後期の政治社会に現われてくる、地域集団の組織や運営の原則は、自然生的な秩序そのものというよりは、むしろ一五世紀以降に惣村や惣町や一揆がその自検断の能力や機能を高めていく過程で生じた、若衆という社会集団の台頭と、それに伴い惣村などで激化した、「老若」間の緊張と村の内部矛盾の帰結であり、その政治的表現であった」(藤木久志『戦国の作法　村の紛争解決』講談社学術文庫、二〇〇八年、一二九頁)

塩瀬隆之さんのプロジェクトからだった。題材は「御土居《おどい》」である。「御土居」とは豊臣秀吉によって作られた洛中地域をぐるりと取り囲んだ巨大な環壕で、土塁と水路とがセットとなって現在も市内数ヶ所にその痕跡を見ることができる。それが最も原型に近い形で残っているのが北野天満宮の西側で、史跡となっている。そこだけ車や街の音が土塁に遮断され、せせらぎが御土居に反響し、実に美しい音の風景を作り出している。この「山奥にいるかのような錯覚」は木々に囲まれているということだけでなく、地形による音の遮断と反響によるところが大きいというのもこの時体感したことだった。御土居の上に立って目を閉じて耳を澄ましてみると、いよいよ音の世界には山奥の渓流を見下ろしているかのような光景が展開する。陽の暖かさと冷え冷えとした肌の感覚の対比は視覚情報なしにもそこに鮮やかな紅葉が展開していることをありありと想像させ、ふと一陣の風が吹けば紅葉の葉が一枚、二枚はらりはらりと落ちてゆく様まで見えてくるのだ。これはまさに「音からの観光」であった。紅葉の時期、境内は修学旅行生で賑わっている。賽銭を投げ入れる音、鈴を鳴らし柏手を打つ若い音、違う土地からやって来た修学旅行生のはしゃぎ声、そのどれもが秋の北野天満宮でしかなされない音だったのだ。音から探ってゆくと、全く見えない御土居の影が浮かび上がってくる。これは実に新鮮な驚くべき体験であった。

「京都の夏の音」

「音で観光する」というコンセプトを受け、エフエム京都での企画が始まったのは二〇一三年のことだった。二〇一四年からは法然院での『電子音楽の夕べ』に連動して、月曜から金曜までの夕暮れ時の数分間、六月の梅雨どきから八月に夏が終わるまで市内あちこちの「京都の夏の音」を捉えて流れる、タイムパッセージとしてのアンビエントプログラムが始まった。この企画を力強いものにしていた背景には、東日本大震災を通して確信に至ったことがある。震災を通して我々は、物流やエネルギー資源をはじめ、人間が生きていく上で必要なほとんどのものをシステムに委ねてしまっていること、同時にそうしないと生きていけないかのように思い込まされていることに気づかされた。さらには実際に「エアコンを使わない暮らし」を強いられてみると、冷暖房なしで本当に耐えられないのは一年のうちの限られた日数だけだということもわかってくる。そんな視点から改めて京都の文化を見てみると、実に繊細な季節の変化のプロセスが美意識に転換されているのに気づかされたのだ。京都では、耐えがたいほどの真夏の暑さすら「美しさ」に転換させる体系が隅々に行き渡っている。そして気温や湿度の移り変わりは非常に細やかに「音」と連動していることにも気づかされた。

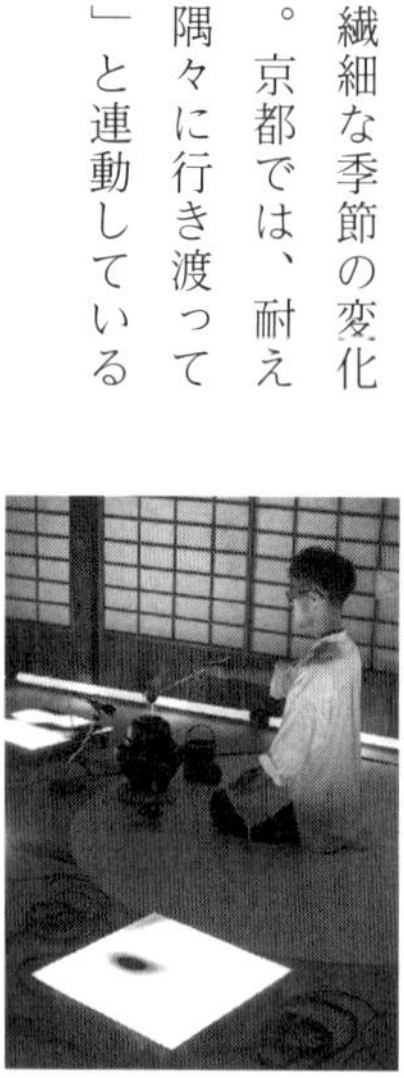

＊25　中山福太郎　茶人。二〇一三年、陶々舎の立ち上げに参加。鴨川でお茶を振る舞う「鴨茶」、無印良品でのワークショップ「当世日本茶湯見聞記」など、今に接続する茶の湯を様々な形で具体化する活動を続けている。

そうして音からのアプローチで、茶の湯で表現されるような季節の細かな移り変わりを組み立てることができるのではないかという京都の夏の音を探るプロジェクトと、茶の湯の原初の姿を探求していた若き茶人・中山福太朗さん[*25]との出会いによって、『電子音楽の夕べ』とFM番組との連動で「音の茶の湯」のようなものができないだろうかという試みが始まった。

茶の音、水の音

この番組を通じ、音と文化の関係について実に様々な発見があった。宇治の老舗・宇治茶の「通圓」でお茶を点ててもらう回があった。宇治はかつて交通の要所で、宇治の橋を渡らなければ京都にも大阪にも奈良にも行くことができなかった。宇治茶の通圓さんは宇治橋の東詰《ひがしづめ》に位置している。中世に遡る京都でも最古の老舗のひとつであり、幕府からはこの橋の管理を任されていた。ここが今もなお交通の要所にあることは変わりがなく、茶を点てる音の中に、バスや様々な車の音が入り込んでくる。抹茶の音を純粋に録りたいのであればNGテイクになるところかもしれないが、これこそが通圓さんでしか聴けない音なのである。昭和の時代であれば昭和のエンジンの音がしたはずだ。

もうひとつ大きな発見だったのは、「水に音はない」ということだ。プールや水溜りにいくらマイクを近づけても、それだけで音が鳴ることはない。流れ

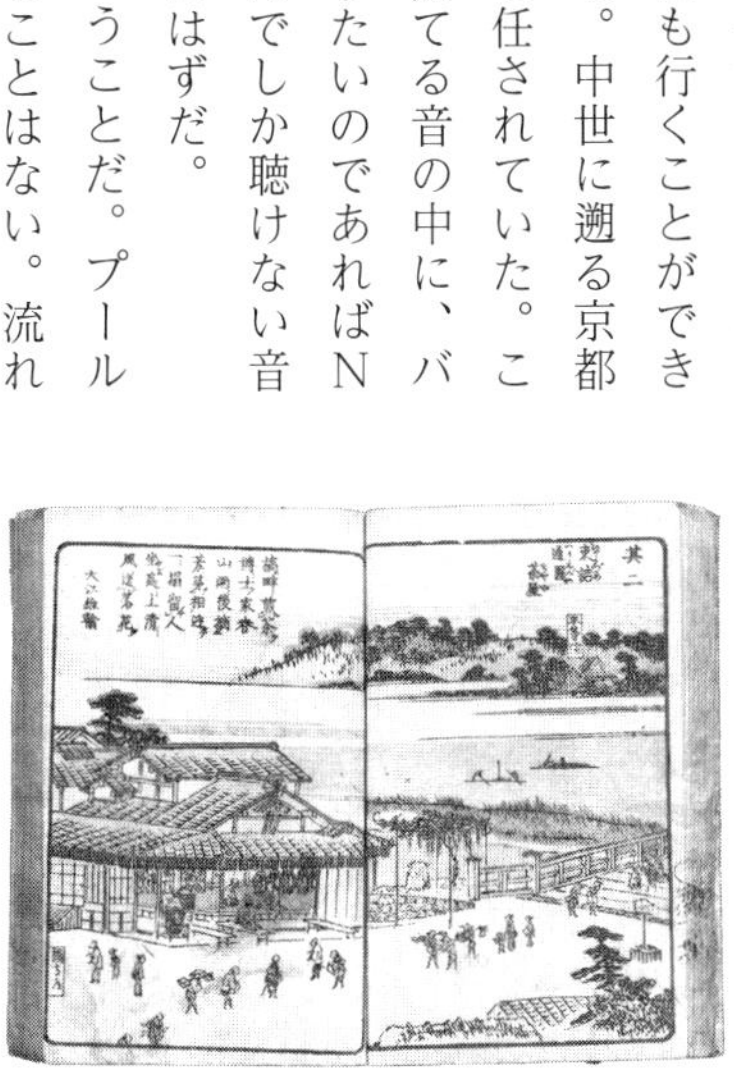

東詰通圓茶屋　出典：鶏鳴舎暁晴撰松川半山画『宇治川両岸一覧』(国文学研究資料館所蔵)

があって初めて流れの底の石を転がし、水が瀬にぶつかり、流れはせせらぎ始める。水は何かにぶつかって初めて涼しげな音を立てるのだ。湧水も地面との落差があって初めて水が滴り落ちる音がする。子供たちがはしゃぎ回る声とバシャバシャと水を掻き立てる音があって初めて「プールの音」がするのだ。暑さの中の動きが「夏の音」を作り出してゆく。「水」の音ひとつにドラマの可能性が隠されているというところに思い至ったのであった。

音の世界の異変

二〇二〇年は世界中で音の世界に異変が起きていた。京都でも神社の拝殿から鈴が消え、手水から柄杓《ひしゃく》が消え、修学旅行生の声も観光客の外国語もすっかり聞こえなくなっていた。清水寺の音羽《おとわ》の滝でさえも鳥の声だけが響く山の滝になっていた。翌年の夏も街は相変わらず閑散としていたが、音の世界では確実に変化が起きていた。祇園祭の鉾《ほこ》の巡行は中止されたが、技術の継承のため鉾立てや「二階囃子」の稽古は再開されていた。窓を開けているのでバスの音にも負けず遠くまでよく響き渡る。ああ、やっぱり京都の夏はこの響きだ、という感慨。

下鴨神社では「みたらし祭」も復活していた。「みたらし祭」は境内を流れる御手洗池に参拝者が裸足で足を浸し、水源のある井上社まで歩いて行き蠟燭を供えるという夏の風物詩でもある。蟬時雨の中から「つめたいー」という声が聞こえてくる。ほんの一瞬の反応から、改めてこの祭りが、人々が水に足を浸して日常を離れ、童心に帰る瞬間をもたらすものであることが分かるのだ。そうしてその年はそれまで当たり前に思っていたことや祭りの大切さに気づかされたことを話し合ったものだ。思えば二〇一〇年代後半は「本当は大切なもの」がどんどん消費可能な記号に置き換わっていた時代だったのではないだろうか。

「別の世界」の感覚を呼び起こす音

夏・祇園祭や盆の時期、京都の音には神秘的な雰囲気が漂う。おそらく、その雰囲気こそが「京都の夏」を特別な感覚を引き起こすものにしているのだが、意識的に録ってみるとどうやらその感覚は「金属の音」に起因していることが見えてくる。コンチキチンと鳴らす、あの祇園祭の「鉦《かね》」。その鉦や「おりん」を作っている南條工房の南條和哉さんを番組コーナーのゲストにお呼びしたことがあった。南條さんが作る鉦やおりんは「佐玻璃」と呼ばれる中世から伝わる錫《すず》と銅を中心とした合金の技術で作られている。インドでは仏具は金・銀・水銀・銅・鉄・鉛・錫の七つの合金で作られるが[*26]、これらはインドの占星術ではそれぞれ太陽、月、水星、金星、火星、木星、土星を表す金属なの

＊26　宮内庁年次報告（平成二年、第一四号）でも、正倉院の「佐波理」製品から鉄や水銀が検出されている。

だ。良い音を追求した先にある合金が、宇宙論的な象徴となっているのは非常に興味深いものがある。おりんが鳴り響いている間、俗世を超えた宇宙の響きが空間に響き渡る。逃げ場のない夏の暑さの中で風鈴が涼しげに聴こえるのも、その音が風をトレースすることで、ふと「別の世界」の感覚が進入し、なんとも涼しげな感覚が呼び起こされるからではないだろうか。これも法然院でご住職の梶田真章氏に教わったことだが、真夏にふと入ってくる涼しい風を「極楽のあまり風」と呼ぶのだそうだ。

一服が世界を開く

我々の社会はともすればコンビニの商品入れ替えで季節を知るような奇妙な暦のサイクルに絡みとられてしまっている。制度としての暦や年中行事と、身体の感覚との乖離《かいり》が起きている現状から、いちど立ちどまりあくまで自分の身体の感覚の尺度で季節を捕捉してみるということ。それが文字や視覚情報の過多によって相対的に失われてしまっているのであれば、むしろ音にフォーカスすることで知覚の総合的な取り戻しが可能なのではないだろうか。これは同様に音を聴覚だけで考えないということでもある。

『電子音楽の夕べ』と『音の茶の湯』を貫く「音や香りから季節感を感知する」というコンセプトは、言ってしまえば実になんでもないことなのだが、身体で世界を捉えるということが、巨大な何かが崩れ去ろうとしているこの時代を突破していく鍵に、案外繋がっているのかもしれない。体をその空間に置くことで、その空間にしか存在しないものに繋がっていく。一瞬として同じ瞬間はない。それは茶の湯が語っていることと同じなのではないだろうか。お茶はなぜ「点てる」と書くのか素朴に疑問に思っていたが、「点」とは「ほんのちょっとした動作」のことであるらしい。

火を蠟燭に点けることで視界が開けてくるように、ほんのちょっとの動作で世界は一変してしまう。お茶を「点てる」と書くのには、おそらくほんの一服で世界を開くという意が込められているのではないだろうか。人生の局面で世界を変えるために必要なのは、大抵それまで当たり前と思っていたような、案外なんでもないことなのだ。

――― 故郷の風景を生きる

鳥越けい子

故郷の風景を生きる
〈池の畔の遊歩音楽会〉の挑戦

—— 鳥越けい子

サウンドスケープという考え方は、私たちに人間としての原点に立ち戻る力を与えてくれる。近代社会に引かれた各種の境界線を乗り越える感性を与えてくれる。私にとって、そうしたことを確認するプロジェクトの現場となったのは「故郷の池の畔」だった。

善福寺の池と土地と私との関係

私が生まれ育ったのは、杉並区の西北はずれにある善福寺というまちである。JR中央線・西荻窪の駅から歩いて二〇分ほどのところにあるそのまちに、私は今も暮らしている。

終戦後しばらくして、父方の祖父母がこの土地に家を求めた。西武新宿線の上石神井駅にも近いため、当時大学生だった私の父や叔父の通学に便利な場所として知人に紹介されたと聞いている。長男だった私の父親は、結婚後祖父母

鳥越けい子（とりごえけいこ）　日本各地の音文化を調査研究すると共に「形あるもの・見えるモノを超えた環境」や生活文化の継承や伝統文化の新たな活用をテーマに、環境デザイン、アートとまちづくり、まちあるきワークショップ等を手掛けている。主な参加プロジェクトに〈横浜市西鶴屋橋〉一九八八、〈水琴窟の東屋〉一九八九、〈音の種〉一九九〇、〈みみのオアシス〉一九九一、〈瀧廉太郎記念館庭園整備〉一九九二、〈富山県立山博物館まんだら遊苑五響の森〉一九九五、〈SCAPE-WORKS百軒店－円山町〉二〇〇九―二〇一九、〈瀧廉太郎記念館リニューアルプロジェクト〉二〇一二などがある。

と同居し、昭和三〇(一九五五)年に私が、翌年には弟が生まれた。私がまだ幼児のとき、新しい家族用スペースを母屋に増築した。

その屋根を覆うようにして、庭には一本の栗の木があった。私は、当時「自分の部屋」だと思っていた二段ベッドの上段で、その栗の実がベッドの上のトタン屋根に落ちてさらに庭に達するまでの様子をきくのが大好きだった。その木の向こうには、近所の地主さんの立派な屋敷林があった。その小山のような森は、夏にはやかましいほどの蝉時雨、冬には葉を落とした欅《けやき》の林が強風を受けて発する唸り声、といった季節ごとの基調音[*1]を奏でていた。

小学校に行く頃にもなると、屋敷林のご主人(私の記憶がある限りずっと町会長だった本橋又蔵さん)に、シイタケ栽培の様子を覗かせてもらったり、夏の下校時に友達と涼しい風が漂う屋敷林の横で長い間おしゃべりに興じたりした。私のこども時代の記憶には、その林に充満していた気配がいつもどこかに漂っているような気がする。当時はまだ、近所には畑や空き地が多く、強風の夜が明けた朝には決まって、細かな赤土を足裏に感じたものである。

その屋敷林の向こう側には池がある。かつて遅野井《おそのい》と呼ばれ、いつの頃からか善福寺池と呼ばれるようになった、まちの中心となる池である。それは、奥多摩等の山地からの水の流れがひとたび地下に潜り、武蔵野台地に降り注いだ雨と一緒になり、関東平野の扇端(標高五〇メートル地点)で地上に湧き出たもの

善福寺公園上池《かみいけ》畔の屋敷林　上池の景観と生態系の大きな部分を支えるのは、個人宅の屋敷林。「民」が「公」を支える地域の伝統が生きている。

＊1　「基調音［keynote sound］」とは、サウンドスケープ研究における用語で、特定の地域・社会において絶えず聞こえているような音、あるいは他の音が知覚される背景を形成する背景を形成しているような音のこと。

で、三宝寺池・井之頭池と共に「武蔵野三大湧水池」を形成している。

こどもの頃から、私はこの池の畔で実にいろいろな体験を重ねてきた。泥まみれになって興じた崖滑り、クチボソ採りやドングリ拾い、花火大会に盆踊り、ボート漕ぎにラジオ体操……。遅野井の滝のそばの小さいほうの中の島には、簡単には近づけない気配の漂うお社《やしろ》があった。善福寺のまちのなかで、とりわけこの池を中心とするエリアは、私たちにとって土地の風土を全身で呼吸する場所であり、それは今も変わらない。

池から五分ほど歩いた地点には、井草八幡宮がある。その八幡宮が経営する幼稚園は、私の母園であり、隣接する桃井第四小学校とその八幡宮と同じ名前をもつ井草中学校が私の母校である。小学校の遠足で訪れたのは、中央線の奥にある高尾山、そして秋川渓谷や御《み》岳《たけ》山だった。

ところで、この原稿を執筆中のことだが、日曜日のお昼に我が家でパソコンに向かっていると、遠くからお神輿を担ぐ子供たちの掛け声と、それを先導する大太鼓が聞こえてきた。久しぶりに聞くその音が懐かしく、私は思わず自転車に乗って、そのお神輿の居場所に駆けつけた。その途中、こどもの頃にピアノの練習中にこの音が聞こえてくると、決まって同じことをしていたことを思い出した。そして、こうした体験にも〈池の畔の遊歩音楽会〉の実践に至る原点のひとつがあることを確認した。

武蔵野三大遊水池 三宝寺池(練馬区)、善福寺池(杉並区)、井之頭池(三鷹市)。いずれも武蔵野台地標高五〇メートル地点にある崖下から湧き出る自然湧水だったが、現在は深井戸から地下水を汲み上げて賄っている。

遊歩音楽会を始めたきっかけ

そういうわけで、私自身が企画構想し二〇一〇年から現在に至るまで故郷の池の周囲で展開しているプロジェクトについて、その背景やきっかけがどこにあるかを問われたら、それは私の人生全体に実にさまざまな形で存在していると言わなければなるまい。しかしここではその出発点を、プロジェクト開始の一〇年前に求めることにしたい。

二〇〇〇年という年は私にとって、自分自身の生まれ育った家でもある「祖父母の家の跡地」に自邸を完成させた年。それは、留学先のカナダのトロントも含めていくつかの土地で暮らした私が、ようやく故郷の土地に腰を落ち着けた年だった。直前まで暮らしていた井之頭池そばのマンションから「風聴亭」と名付けたその新しい家に移ると間もなく、小中学校時代の友人から「サウンドスケープをやっているならラジオも好きだよね」と、翌年地元のミニFM「ラジオ善北こどもネットワーク」（通称「ラジオぱちぱち」）[*2]への参加の誘いがあった。予期せぬ誘いに若干躊躇したものの、私は仲間に加わることにした。

その最大の理由は、当時の私は日本各地にいろいろな音風景の現場を訪ね、そこで暮らす人々に話を聞く活動をしていたのだが、自分自身が暮らすまちではそうした会話の機会がないことを寂しく思っていたからだった。何でも好き

＊2　善福寺北児童館の学童クラブで知り合った親子たちが二〇〇一年に結成したグループで、当時は同児童館の特設スタジオから毎月第二土曜日、午前一〇時から二時間の放送を基本にさまざまな活動を展開していた。その後、Ustream 放送などを経て、コロナ禍をきっかけに Zoom を活用した YouTube 配信で放送を続けている。

な番組をやっていいというので、音風景についての話し合いの場づくりをしたいと思い「プリンセスKeikoの〝教えてその音〟」という番組を始めた。

翌二〇〇二年、善福寺の上池エリアで「野外アート展：トロールの森」が始まった。トロールとは、北欧の「精霊・モンスター」を意味するトロルのこと。そこには、一年のうちの特定の時期にだけ普段は目にはみえない精霊のように彫刻やインスタレーションが出現する森、といった意味が込められている。

「トロールの森」を立ち上げたのは「遊工房アートスペース」だった。それは、都市滞在型のアーティスト・イン・レジデンス[*3]の先駆でもある遊工房を主宰する村田達彦・弘子夫妻が、二〇〇二年、滞在中だったフィンランドのアーティスト、アンティ・イロネンと地元のアーティスト、高島亮三等と共に「自分たちの創作展示の場を、歩いてすぐのところにある公園に広げてみたい」と話し合ったことに遡る。その事務局を一〇年後(二〇一二年)に、地元の人々が組織する「トロールの森実行委員会[*4]」が引き継いだ。今では「トロールの森」全体が、都立善福寺公園上池で毎年一一月(文化の日から勤労感謝の日まで)の二一日間に開催されるいわば「アートをテーマにした地域の文化祭」のような形で定着している。

「トロールの森」に関して私は当初、近所に住む公園利用者としてただ観て

＊3 アーティスト・イン・レジデンスとは、アーティストが普段の生活環境とは異なる土地に一定期間滞在し、作品の制作やそれに必要な調査活動を行う制度のこと。そのアーティストを意味することも、そのためのサービスを提供する施設等を意味することもあり、この場合は後者。

＊4 トロールの森実行委員会の主なメンバーは、アーティスト、地域住民、ももしコミュニティスクール学校支援本部メンバー、桃井第四小学校の教員などで構成されている。桃井第四小学校はコミュニティー・スクール(学校運営協議会)制度を採用している。

いるだけの立場だった。ところが、その実行委員会メンバーとなったラジオぱちぱちの仲間から「新設した身体表現部門に参加しないか」という誘いを受け、それに応じることにした。その理由のひとつは、単なる傍観者だった間にも、トロール（精霊）というその言葉や開催中の公演の風景をきっかけに、自分がこどもだった頃のことをいろいろ思い出していたためだったような気がする。

いずれにせよ、アートは国や言語を超えた営みであると同時に、特定の土地の自然や社会の営みと不可分の関係をもつ。「トロールの森」は、人間が地球上の各地点における自然環境と呼応するところにアートの原点があり、それが地域独自の社会環境のなかで育まれていくことを、私たちに分かりやすく伝えてくれる。そうしたアート活動は近年、日本各地でさまざまな形で展開されるようになった。二〇〇〇年に始まった「大地の芸術祭」[*5]は初期の代表例であるが、「トロールの森」が地域外からやってきたディレクターによって仕掛けられたものではなく、地元住民によって提案・企画・運営されている点は重要である。なぜなら、そのことは「トロールの森」がこの土地のコミュニティとの深い関係性のなかで成立しているという事実を示しているからである。

こうした経緯で、私自身が企画構想し、二〇一〇年から現在に至るまで「トロールの森」への参加プロジェクトとして継続展開しているのが〈池の畔の遊

＊5　新潟県の越後妻有の土地と地域を舞台に、二〇〇〇年に始まった世界最大級の現代アートの祭典。地域芸術祭のパイオニア的存在で、アートによる地域づくりの先進事例として国内外から常に注目を集めている。

歩音楽会〉である。

〈池の畔の遊歩音楽会〉の概要

「善福寺の池は、なぜここにあるのか？　ここでは、これまでどのような出来事があったのか？　歌と語りが土地の記憶を呼び覚まし、その歴史を紐解き、この地域の風土に想いを馳せる。参加者をファンタジーの世界に誘う不思議な遊歩音楽会」……これは、私自身が作成した〈池の畔の遊歩音楽会〉広報用テキストである。

プロジェクトの正式タイトルは〈池の畔の遊歩音楽会：音のすむ森に捧ぐ！〉。「トロールの森」開催中の特定の一日、指定した時刻と地点に集まった人々が、ナビゲーター役の私と「放浪の楽師」役の歌手・辻康介さんとの二人が、池の畔を歩きながら行う音楽会として始まった。

その活動内容としては、池の周囲に点在する約一〇ヶ所で、それぞれの場所についての自分自身の体験や記憶、地域の言い伝え、さらには未来への想いを私が語り、その想いを受け継ぐ形で辻康介さんが吟じる。そうした語りと詩《うた》に導かれ、一緒に歩く人たちはそれぞれの地点特有の気配を感じながら土地の記憶に想いを馳せる。ときに「みんなで一緒に目を閉じて耳を澄ます」といった課題もこなす。スタート地点から参加する人もいれば、散歩に来ていた人が途

中から一緒に歩くこともある。途中参加や道草もありの「緩く開かれた音楽会」である。

また、このプロジェクトは常に、天候その他、私たちにとって制御不可能なファクターから大きな影響を受ける。言い換えれば、このプロジェクトはそのようにして、開催の時間帯はもとより、前日さらにはもっと前からのこの地域の雨風、気温の変化等を自らの重要な要素として取り込むことになる。

以上を基本として、「音風景のナビゲーター」の私と「時空を旅する放浪の楽師」を演じる辻康介との掛け合いで展開する〈池の畔の遊歩音楽会〉は、二〇一六年までの七年間、遊歩音楽会チームのメンバーを徐々に増やしつつ展開・成長していった。また二〇一七年からは「アートから芸能への創造的回帰／歩行から修行・奉納への展開」をテーマに、その形態を変容していった。さらに、コロナ禍中の二年間は〈池の畔の遊歩音楽会：跡地巡礼〉として、また二〇二二年以降は〈池の畔の遊歩音楽会：TASOGARE の向こうへ〉としてその開催方法等を変えながら現在に至るまで継続している。

本プロジェクトの背景には、序で述べた私自身の現代社会および音・音楽と環境との関係に対する問題意識がある。ここでは以下、本プロジェクトの最初の一〇年間に焦点を当てて、私がどのようにその活動を従来の音楽が主眼としてきた「主体の表現」から「環境の聴取と読み取り／環境との交流」へと拡大していったのか、またそれを通じて故郷の土地とどのような対話を展開していったのか、その主要な部分を綴っていきたい。

*

プロジェクトの開始当初、「トロールの森」そのもののパフォーマンスエリアは、善福寺公園内の上池《かみいけ》とその周辺エリアに限られていた。そのため私は、遊歩音楽会のルートを「上池一周」とした。

　そのルートは私にとって、こどもの頃から遊びや散歩等で幾度となく辿ってきた道である。自分にとって、つい立ち止まりたくなる地点、ザワザワとした怪しい気配を感じる地点、敬虔な気持ちになる地点、音の見晴らしのよい地点、響きに奥行きがある地点がどこなのかは、プロジェクトの構想時から明確だった。そこには、池そのものの谷戸の地形に由来する音の反響効果をはじめ、土地の形や樹木の配置等にも関連した要素が含まれているのは言うまでもない。つまり同じ池の畔の一周でも、それは私にとって、決して一様ではない「土地の気配と記憶の起伏に富んだ連なり」なのである。そのため、遊歩音楽会プログラムの検討作業、各種活動内容の決定作業において、池の畔を実際に歩く際どこで立ち止まるのか、どちらの方向を向いて何をするのか、一緒に歩く人々に何を伝えるのかについては、ほぼすんなりと決めることができた。

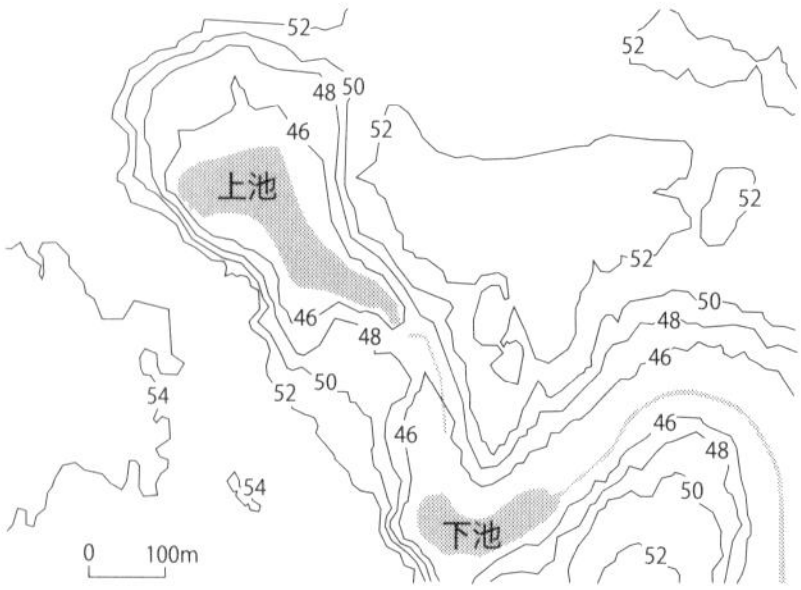

善福寺池周辺の地形　善福寺池は「武蔵野台地メートル崖線」にある崖(谷頭)の下から湧き出した自然の湧水によって形成されている。そのため、善福寺川が流れていく方向以外は崖に囲まれた「すり鉢」状で「音が溜まりよく響く空間」となっている(標高・水域データについては国土地理院基盤地図情報より作成)。

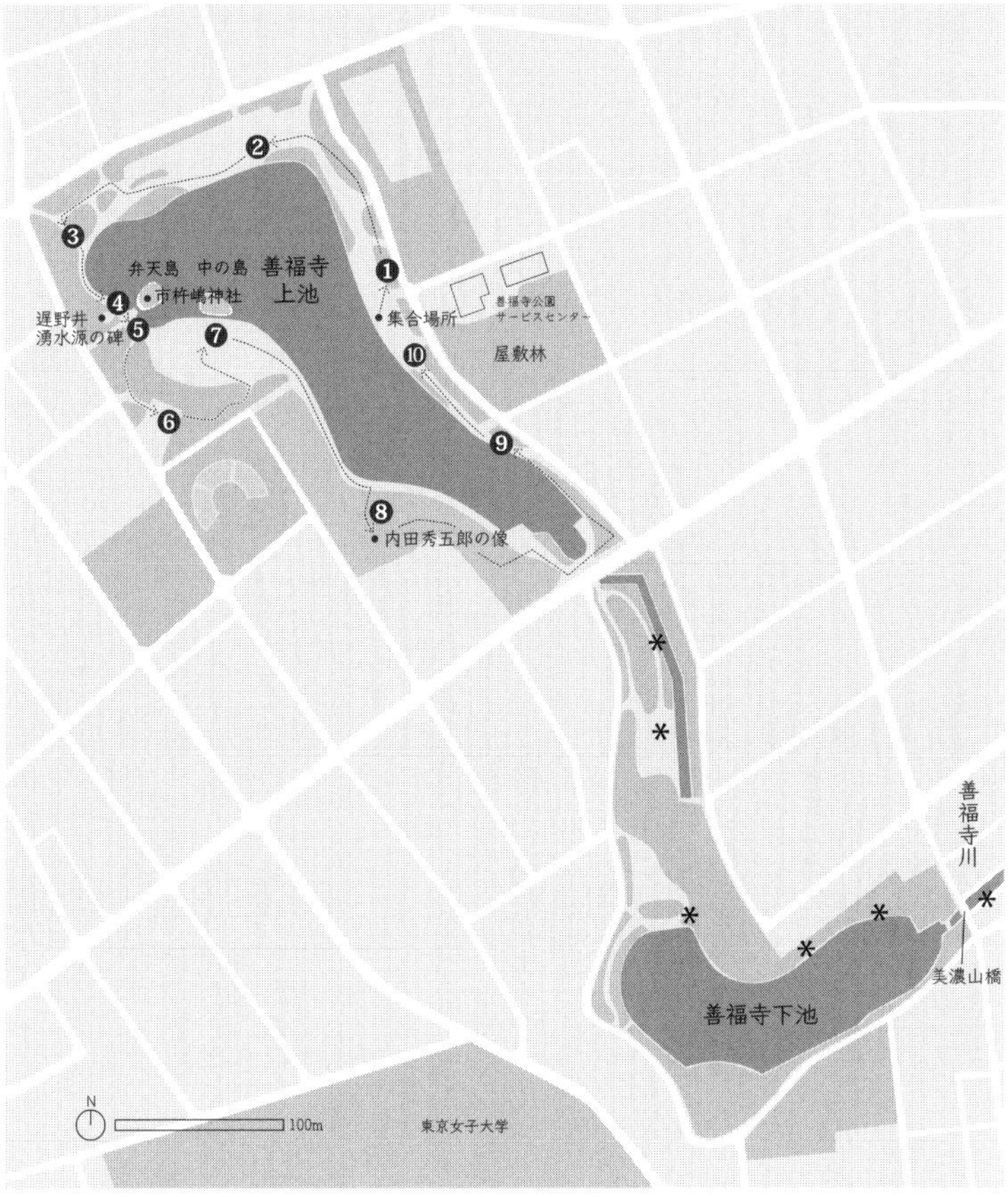

遊歩音楽会のルート　二〇一〇年から二〇一九年までの一〇回はいずれも、トロールの森会期中に上池の公園サービスセンターそばに設営された野外ステージを集合場所とし、そのすぐ近くにある大きなエノキの木を❶「第一地点」、池の北岸東を❷「第二地点」、北岸西の崖下を❸「第三地点」、市杵嶋神社を❹「第四地点」というように池の周囲を巡って元の野外ステージに戻るというのがそのルートだった。

一方、二〇二二年と二〇二三年に実施した〈池の畔の遊歩音楽会：TASOGAREの向こうへ〉のルートは、出発点を井草八幡宮大鳥居から参道と境内を経て、八幡西橋から善福寺川沿いに進み、（以降は地図上の＊を辿り）美濃山橋から下池《しもいけ》北岸を通り、近年親水施設として整備された遅野井川の畔で解散というものだった。

遊歩音楽会の風景　天気のよい日、池の周囲は遊びに来たこどもたちや散歩する人々で賑わっている。遊歩音楽会の醍醐味のひとつはそこで偶然生まれる交流である。二〇一六年一一月六日、小さな男の子がひとり、くぬぎ広場でサックスを吹く鈴木広志に突然近づき、自分の指を咥《くわ》えて演奏の真似をしながら自分の声で鈴木とのセッションを始めた。それはまるで、トロールの森から本物の妖精が現れたようなひとときだった。

〈池の畔の遊歩音楽会〉は二〇一六年までの七年間、チームメンバーを徐々に増やしていった。三年目にはパーカッションの立岩潤三が参加し、四年目にはチャンゴ奏者のチェ・ジェチョル、サックスの鈴木広志等が加わった。いずれも辻の演奏仲間で、それぞれ第一線で活動するプレイヤーである彼等は、私が説明するこのプロジェクトの趣旨を深く理解し各自のパフォーマンスに見事に生かしてくれた。たとえば「辻さんと私がここにやってくるまで、ここで聞こえてくる木々のざわめきや鳥たちと即興演奏をやっていてください」と伝えた鈴木は「これは初めての体験だ」と言いながらも、池の畔の森の声との実に見事なセッションを披露した。そうした一連の試みは即ち、この土地の環境文化資源を発掘・発信するための方法を実験しながら増やしていくプロセスそのものだった。

音楽会チームのメンバーが増えるに従って、一緒に歩く人々も徐々に増えていった。となると必要性を増すのが、遊歩音楽会開催中の公園利用者の動線確保である。この作業には「都市楽師プロジェクト」主宰者としての鷲野宏とラジオぱちぱちの仲間たちが当たってくれた。また、当初は遊歩音楽会一般参加者の一部だった青山学院大学鳥越ゼミ生有志たちが、いろいろなサポーター役を引き受けてくれるようになった。そうしたなかで、地元の竹を使った音具やオリジナルデザインの手拭い等を作成・使用するようにもなった。竹の切り出

※〈池の畔の遊歩音楽会 二〇一六〉の様子を記録した早川由美子監督によるドキュメンタリー映像を「池の畔の遊歩音楽会」のウェブページで公開しています。https://www.otonoba-soundscape.com/ikenohotori/movie.html

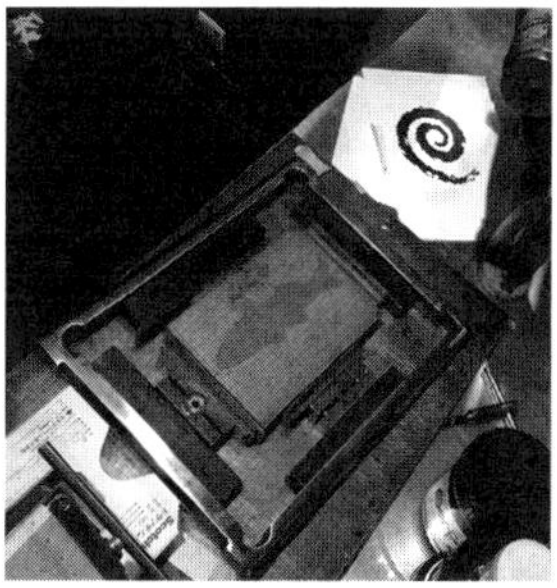

手拭いづくり　「アートから芸能への回帰」をめざした二〇一七年、目隠しや衣装の一部となる「オソノイ手拭い」のデザインと制作を行った。協力くださったのは、荻窪駅そばで活版印刷の店を開く中野好雄さん。

しや加工等では、地元の人たちからさまざまな協力を受け、遊歩音楽会のネットワークは徐々に広がっていった。

いずれにせよ最初の七年間、パフォーマンス部分の基軸は「音風景のナビゲーター」と「時空を超えた放浪の楽師」との掛け合いだった。辻が吟じる詞《テクスト》の作成担当は私だが、辻がそれを歌いやすいようにアレンジしたり、辻の歌に対して私が注文を付けたりした。その意味で、歌づくりは二人の共同作業である。音具や楽器の演奏は、歌の伴奏はもとより、各地点で聞こえてくる環境音との即興的セッション、プロジェクト全体の雰囲気づくり等、さまざまな役割を担う。

このようにして、池の周囲には年ごとに新たな歌を蓄積し、同じ歌にもいくつかのヴァージョンが生まれていった。ストックしていった歌や朗読用テキストのなかには、特定の地点の「定番」となったもの、年によって敢えて地点をずらして使うもの、一度だけしか使わなかったもの等、さまざまなものがあった。*6

あわせて、歌い方、歩き方、踊り方等にも、いろいろなヴァージョンやスタイルが生まれた。それらが音楽会当日あるいはその数日前・数ヶ月前からの天候や土地での出来事、その年の出演者が誰なのかといったさまざまな条件のもとで徐々に変化し、プロジェクト全体が成長していった。いずれにせよ、これ

*6　朗読用テクストは、尾崎喜八の「井荻日記」等から採り、その出典を当日配布のプログラムに記した。

らの歌や踊りといった「テクスト」は、池の畔の環境文化資源という「コンテクスト」を引き出し発信するためのツールだ、という点を忘れてはならない。

遊歩音楽会の活動内容

実際の〈池の畔の遊歩音楽会〉とはどのようなものだったのか、ここでは先に示した「遊歩音楽会のルート」を示した地図（八三頁）を元に、それぞれの地点の意味、その内容と歌との関係、各地点を繋ぎながらどのように歩いたのか、音楽会の冒頭部分を以下に再現してみよう。

毎年「集合地点」としたのは、公園サービスセンターそばの池の畔に毎年設営される野外ステージ[*7]である。「開演時刻」についてはその年ごとの諸条件によって異なるが、概ね午後の早い時刻から一五時頃までのいずれかの時刻に設定した。その開演時刻となったことを確認して、ナビゲーター役の私は、集まった人々に向かって次のように語り始める。

　私は、善福寺のまちに生まれ育ち、今もここで暮らしています。小さい頃から、人生の節目、節目にもお世話になっている善福寺の池と公園。これから、私自身のここでの体験や土地の先輩に教えていただいたこと、そ

＊7　二〇〇七年よりトロールの森に参加しているアーティスト、黒野裕一郎は二〇一九年、この野外ステージを自身の作品「ラストダンス」として作成した。作家による野外展示作品が同時に、公園内での各種パフォーマンス作品等のステージにもなるというこの作品のあり方は、本論の内容とも通じる部分があり興味深い。

れらを元にこの土地の歴史と今をご案内します。

さて、この遊歩音楽会には「楽しむための三つの心得」があります。今からそれを皆さまに伝授しますので、よーく聴いてください。

第一に、歌や楽器の音だけではなく、その背景にある木々のざわめき、生き物たちの気配、風の動きなどにも注意を払い、それらと「楽の音」とのセッションを楽しんでください。池も公園も、ライブで音楽を奏でていることを忘れないでください。

次に、歩きながら、日差しなども含めて刻々と変化する景色の移ろいと音楽とのセッションを楽しんでください。地点ごとに異なるその場の雰囲気や気配に、身体《からだ》を開いていってください。

最後に、音楽会を通じて呼び覚まされてくるこの土地の記憶や歴史、そしてこれからのことに想いを馳せてください。

この時点で「放浪の楽師」はまだ姿を見せていない。私はさらに続ける。

今日は特別に、古代から未来にかけて時空を超え、地球上のいろいろな森に出没することで知られている放浪の詩人に、この善福寺の池と森に来

てくれるよう、お願いしてあります。トロールの森の詩人、またの名を辻楽師、そろそろどこかに現れるはずなのですが……。

すると、集まった人々の背後で、誰かが何かを口ずさむ声が聞こえてくる。「あ、やって来ました！　放浪の詩人の歌を聴きにいきましょう」と言いながら、私は近くの大きなエノキ(第一地点)に、集まった人たちを誘導する。辻が扮する放浪の詩人は、そのエノキに抱かれてグレゴリアンチャント風に、次のように歌い出す。

いろいろな生き物の集う、和やかな森を見つけた
鳥もネコも人もいる、美しい森を見つけた
落ち葉を踏みしめながら、森のなかを歩く
木々のささやきのなか、森のなかを歩く
落ち葉を踏みしめながら、耳を澄ます
木々のささやきのなか、耳を澄ます
土の感触を味わいながら、森の詩《うた》を歌う
水面の光を受けながら、森の詩《うた》を歌う
ああ、気持ちのひととき、ああ、気持ちのいい場所

この森を歩く生き物は幸せなものたち
この森で集う人は幸せな人たち……

そう歌って、詩人は再び歩き出し、集まった人々はその後に続く。

序でも解説したように、サウンドスケープの考え方において特徴的なのは、聴取の地平における「テクストvs.コンテクスト」という「地と図」の内容が「固定」されていない点である。たとえば(第一地点の)エノキの前に立つ参加者にとっての図(意識的に聴く聴取対象)は、トロールの森の詩人が吟じる声でありその「美しい森を見つけた／落ち葉を踏みしめながら、森のなかを歩く……」という歌詞である。一方、第二地点へ移動する間はそれが、自分たちが実際に踏みしめる「落ち葉の音・木々のささやき」や、さまざまな方向から聞こえてくる実際の「虫や鳥たちが立てる音」へと転換する。

こうしたことも含めて〈池の畔の遊歩音楽会〉のコンテンツは、池とその周辺の土地の環境文化資源と表裏一体、かつ不可分の関係にあると言うことができる。〈池の畔の遊歩音楽会〉とは、池を含めたその土地や地域、すなわち、遊歩音楽会の現場をテクストとして聴き、それらを歩きながら演奏する。そのコンテンツを声や音にして確認・共有するという意味でも、それはその場所や

コナラを中心とした落ち葉の吹き溜まり
池の周囲に降り積もった落葉の樹種・その混ざり具合・乾燥度等を五感で体験することは、遊歩音楽会を支える重要な要素のひとつである。

土地を、文字通り「音に出して体験し理解する」という意味で「音読」する行為に他ならない。またそこには「地形を読む」「季節や時刻を読む」「生き物としての環境を読む」「土地に刻み込まれた地域の歴史を読む」「地域の今ここを読む」といったさまざまな行為とその内容が含まれる。またそれらはいずれも、現在の「音楽」が失いがちな人間にとっての音楽活動の本来的意味や役割にも通じるものなのである。

このようにして参加者たちと池を巡りながら、私自身がこのフィールドをどのように読み取っているのか(今の実感や気持ち、過去の体験や記憶、地域の言い伝え、さらには未来への想いについて想い)を語り、その内容を池の周囲の特定の地点に紐づけながら詩にまとめ、放浪の詩人がそれを吟じる。その際に大切なのは、同じ池の畔の生きた環境の只中に、出演者・参加者たちと共に身を置いて、それぞれの空間や土地とのセッションとして声や音を発すること。同じ時空間のなかでその活動を共有することである。

さて、自分が伝えたいことが分かっていても、それをいざ実際の空間で展開するとなると、新たに確認しておきたいこと、調べてみたくなることがいろいろ出てきた。たとえば「市杵嶋神社」で行われた「雨乞い」の儀式とは、実際にはどのようなものだったのか？　神社のすぐそばに立てられた案内板には、

かなり詳しい解説があるが、その儀式全体の具体的なイメージは今ひとつはっきりしなかった。それを確認するため寺田史朗さんに、[*8] 地域の古老が遺した記憶画を見せていただくなどした。

このようにして〈池の畔の遊歩音楽会〉の開始後、私は周囲の多くのかたたちの協力を得ながら、この池とその周辺地域をフィールドにした「サウンドスケープ調査」を展開するようにもなっていった。[*9] その関連でこの地域にそれぞれ異なる専門や立場で関わってきたかたたちを講師とした「西荻 to 善福寺池フットパスプロジェクト」や、御太鼓《おんたいこ》講《こう》のかたたちを招き、井草八幡の境内を会場に「音風景から探る：井草八幡の杜と環境文化」というシンポジウムを開催することにもなった。水みち研究家・神谷博さん主宰の「水都府中研究会」への参加を通じて、善福寺池の旧名「遅野井」の村人たちと武蔵国総社：大國《おおくに》魂神社《たまじんじゃ》のくらやみ祭りとの関係を確認する等の機会も得た。さらに、遊歩音楽会チームのメンバーたちとの対話や、参加してくださったかたたちからいただいた感想等が、このプロジェクト継続展開の大きな力となった。

次に、先に紹介した大きなエノキの〈第一地点〉に続くいくつかの地点で、ナビゲーターとしての私の語りと、それを受けてその内容を参加者にさらに伝えるために辻さんが吟じる詩のテキストを、その詩の題名と共に以下に紹

***8** 当時杉並区郷土博物館長。遊歩音楽会の関連企画「西荻 to 善福寺池フットパスプロジェクト」においても講師をつとめていただく等、本プロジェクトには開始当初より継続してさまざまな形でお世話になっている。

井草八幡でのシンポジウム風景 「井草の大太鼓」をめぐる文化継承のため、地元の人々が一九七九年に結成したのが御太鼓講。結成二年後に「太鼓祭り」を始め、その太鼓巡行によって井草八幡宮の

介する。

〈**第二地点**〉

ここに来るといつも思うのは、ここが実に特別な場所だということです。奥多摩等の山地や丘陵からの水の流れがひとたび地下に潜り、武蔵野台地に降り注いだ雨と一緒になって、扇状地の端のところ、まさにこの地点で地上に湧き出した、それがこの池。つまりここは、水に選ばれた特別な場所なのです。この地域の古老によると、ちょうどあの辺り、池の中央に地下からの水がコンコンと湧き出る箇所があったといいます。

太古の時代、地下を流れる水が、ここに出てきたとき、どんな音がしたんでしょう？　私はこの地点に立つと、その様子をつい想像してしまうのです。

「特別な場所」

水はここを選んだ、水はここを選んだ

真っ暗な地下の道、ず～っと辿ってきた水が

地上に顔を出したとき、水はどんな声を上げげたでしょう？

昔昔のそのまた昔、台地に注いだ雨また雨が

氏子地区全域にその音を届けている。

谷が集めた水また水が、地下の世界に潜っていった
潜った水は、地下の川、地下の道を経巡って
あっちでビロビロ、こっちでビンビン
そうしてやってきた水、地下を走ってきた水が
ちょうど此処、この場所で、地上に顔を出しました
地下を走る水の塊が、大爆発！
出てきた穴が、あの睡蓮の辺りにも、あのブランコの向こうにも、
あちらこちらにあったとさ
黒い平原、赤い平原にポッカリと現れた水の塊
それがギラギラ輝いた……

それでは、この池から流れ出した水はそれからどうなったのか。その後、その水は、台地を浸食しながら太平洋に注いでいきました。江戸・東京という都市も、そんな大地と水との営みのなかで、育まれていきました。その池のあるまち、その水が創った都市で、私たちは暮らしているのです。

遊歩音楽会の道は、まだまだ先が長い……放浪の楽師の後に続きましょう！

＊9　その成果をまとめたものに筆者による「音風景史試論――遅野井（善福寺池）を中心として」（陣内秀信・高村雅彦編『水都学Ⅲ――特集　東京首都圏　水のテリトーリオ』法政大学出版局、二〇一五年、二四三―二六二頁）がある。

〈第三地点〉

この池の周りには太古の昔から、人々の暮らしがありました。普段、散歩をしていても、私はこの辺りに来ると、何故か縄文人を思わずにはいられません。同じ水をながめ、池が奏でるいろいろな音に包まれて、彼らは何を思い、何をしていたのだろう……そんなことを考えます。そしてドングリがポトポトッと落ち、木々がザワザワと鳴ると、縄文人たちもきっと同じ音を聞いたはず、と思うのです。

目を閉じて、しばらく耳を澄ませてみましょう!

（一緒に歩いてきた人々は目を閉じて、いろいろ音を聴いている。そのなかで、タイミングを見計らった放浪の詩人が、崖上のほうから歩いてきて池の畔に立ち、水面に向かって歌い始める）

「縄文人よ!」

縄文人よ、君はここで何を聞いたか?
この森のなかで、何を聞いたか?
狸が小枝をパリパリ踏む音?

特別な場所善福寺池周辺の縄文遺跡分布
現在の地形図上に縄文遺跡分布を＊で図示した。杉並区教育委員会『平成22年度杉並区文化財年報・研究紀要』六〇頁掲載の図より作成。

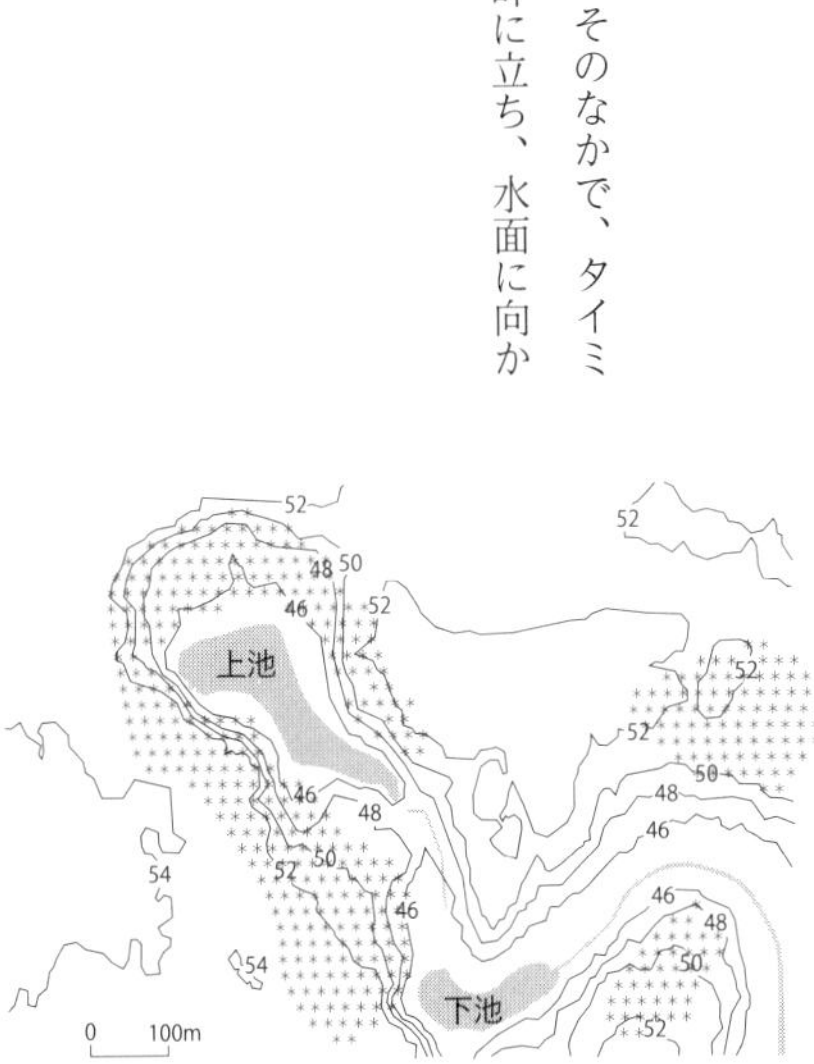

ドングリがポトポト落ちる音？
それじゃあ、私とおんなじだ
縄文人よ、君はここで何を聞いたか？
あの水を眺めながら、何を聞いたか？
水鳥が翼をきしませる音？
コイが口をパクパクする音？
それじゃあ、私とおんなじだ
縄文人よ、君はここで何を聞いたか？
この空気のなかで、何を聞いたか？
木のてっぺんでホーホーいう声
星がビョンビョン光る音
それじゃあ、私とおんなじだ

（そう歌い終わって、しばらく時間を置き、ナビゲーターが語り出す）

それでは目を開けてください……いかがでしたか？　みなさまにもいろいろな音が聞こえたと思います。でも、縄文人は私たちよりもずっと敏感だったはずだ、と思います。では、これからしばらく「音聴き歩き」をし

ましょう。どんな音がいつどの方向から、どのように聞こえてくるか、注意しながら歩いてみてください。

〈第四地点〉

（遅野井の滝まで歩いてきたナビゲーターは市杵嶋神社を背にして立つ。参加者が神社を見下ろす階段に並んだのを確認して語り出す……）

ここはイチキシマ神社といいます。イチキシマノヒメというのは、日本神話に登場する水の女神です。昔からこの地域の周辺には農業に従事する人が多く、夏の旱魃のときには成宗、馬橋、上荻窪といった村からこの池に雨乞いの水をもらいに来ました。この池の水をそれぞれの集落に持ち帰る際には、青竹で作った筒二本のなかに入れ、榊《さかき》の葉で蓋をし、竹竿の枝葉の少し付けたものの両端につり下げました。別の二人が、かついだ太鼓を打ち鳴らし、行列をつくってヨーホイ、ナンボエナンボエといった掛声を繰り返し発しながら、村境の道を一巡するなどしたそうです。昭和二四年に最後の雨乞いが行われた、と伝えられていますが、今でも四月八日には地域の人々が井草八幡宮の神主さんをお招きし、例大祭を執り行っています。

（といった解説が終わるか終わらないタイミングで、放浪の詩人が以下を叫び吟じながら、神社目がけて石段を駆け降り、さらにパーゴラに続く階段を駆け上っていく）

「雨がナイ、水がナイ」
大変だ〜、雨がナイ、大変だ〜、水がナイ
雨がナイナイ、水がナイ、雨がナイナイ、水がナイ
そんなときにはイチキシマ、そんなときにはイチキシマ
水の神様住んでいる、水の姫様弁財天
ヨーホイナンボエナンボエ、雨よ降れー
ヨーホイナンボエナンボエ、雨よ降れー……

このようにして、遊歩音楽会は「第九地点」まで進んでいく。そして「第一〇地点」でフィナーレを飾るのは、私自身の土地への想いを人々に伝えるための次の詩《うた》である。

「森に感謝を！」
この森で歌い、この森で踊る　この森で走り、この森で眠る

この森で集い、この森で笑う　この森で笑い、この森で眠る
この森は続く、あの森へ続く　この森は続く、あの森へ続く
この森に願う、あの森に祈る　この森に願う、あの森に祈る
このまちがずっと、森と共にあるよう
このまちがずっと、森の中にあるよう
そのために君たち、しっかりしろよ
この森をまもるのは、この水をまもるのは君たちなんだから……
森はまもるもの、森はつくるもの

この詩《うた》の背景には、この地域の次のような歴史と現実がある。即ち、現在「遅野井の滝」のあるところには、湧水量の一番多いカマ(泉を意味するこの土地の方言)があったが、昭和初期に「水道の深井戸」が掘られて以来、この地点から水が湧き出ることはない。現在ここから池に落ちる水はその殆んどが、モーターで組み上げられた地下水である。

公園内で銅像となっている内田秀五郎翁は、この善福寺公園を含めた現在の善福寺のまちの生みの親である。地元の農家の長男として生まれた内田は、明治の終わりに(当時全国最年少で)井荻村の村長となり、農家の生活向上をめざして各種の事業を進めた。そうしたなかには、西荻窪駅の誘致、全村土地区画整

❾ 屋敷林と竹林

武蔵野を吹く冬の空っ風から家屋を守り、生活に必要な樹木を得るため、農家の周囲に植えられた樹林。ケヤキを中心に、シラカシ等の常緑樹、材木用の針葉樹、筍や各種道具の材料を取る等のための竹等によって構成される。

❽ 河童とカワウソ

日本各地の川に生息するとされる伝説上の動物・妖怪。姿は猿・カメ・カワウソのようだとされる。「獺(かわうそ)」の読み「オソ(川に住む恐ろしい生き物)」と池の旧名「オソノイ」との繋がり等から、この池の河童はカワウソだったと考えられる。

❼ 内田秀五郎

明治の終わりから大正時代にかけての井荻村の村長。農家の生活向上のため、養蚕業(絹糸)の振興、東京市民相手の野菜の出荷等を進めた。さらに町営水道の敷設、西荻窪駅の誘致、土地区画整理等を進め、善福寺風致協会を設立した。善福寺公園の生みの親。

● 武蔵野三大湧水池

善福寺池は、三宝寺池・井之頭池と共に「武蔵野三大湧水池」のひとつ。奥多摩等の山地からの水の流れが地下に潜り、武蔵野台地の扇端(標高50メートル地点)で湧き出た谷頭水源。周囲には旧石器時代・縄文時代の住居跡があり、古来より一貫して水の物理的供給地であり人々を救う「聖なる空間」だった。

● 日本野鳥の会発祥地

1929(昭和4)年、中西悟堂はこの池の自然に魅せられ、後の下池のそば、現在の東京女子大の裏手に引っ越して来て、この地で「日本野鳥の会」を創設した。

池の畔の遊歩音楽会

環境文化資源とパフォーマンスタイトル

2010→2019

ここにまとめたのは〈池の畔の遊歩音楽会〉が一〇年間にわたり、発掘してきたこの地域の環境文化資源の各種項目とその内容、ならびにそれらを発信するために池の周囲に蓄積してきた歌やパフォーマンスのタイトルである。

❶ 音聴き歩き

特に音を意識して歩くこと・その方法。「リスニングウォーク」「音の宝探し」「ブラインドウォーク」、江戸時代の女性のために開発された立山登拝疑似体験のための儀式「布橋灌頂会(ぬのばしかんじょうえ)」等、各種のものがある。

●「謎の寺」善福寺

池の周囲にはかつて、現在の池の名前の由来となった善福寺といった寺があった。江戸時代にあった大きな地震のために、池の水が溢れ出て跡形も無く壊滅したとされる「謎の寺」である。

❷ あわのうた

古くから日本にあった48音の言霊で、ヲシテ文字で書かれた古い書物に残された五七調の歌。国産み伝説の男神女神が天地歌として民に伝えたとされている。ハワイの神話、自然全てに神が宿り感謝を捧げる歌や踊りには共通点が多い。

❸ 遅の井伝説

奥州征伐のため、大軍を率いてこの地に立ち寄った源頼朝は、折悪しく旱魃のため困窮し、弓の筈(はず)で地面を穿ち水を得た。その水の出が遅かったので「遅野井」と名付けた。上井草村は「遅野井村」、井草八幡宮は「遅野井八幡」と呼ばれていた。

❹ 市杵嶋神社と雨乞い

日本神話に登場する水の女神を祀るのが「市杵嶋(いちきしま)神社」。ここではかつて雨乞いの行事が行われ、池水を入れた青竹の筒を竹竿につるして担ぎ、太鼓をたたいて「ホーホィ、ナンボエ〜」と唱えながら村境を巡った。

❺ 玉姫の物語

その昔、秩父から鎌倉を目指して落ち延びる玉姫一行が、小菅で村人にかくまわれた。逃避行のなか、玉姫は従者大青(おうせい)と恋仲になった。追っ手に追いつかれた二人は池に身を投げ、玉姫は大蛇に大青は狼となった。その地で仲良く暮らしたが、ある年の大雨で池は壊れ大蛇は流され、その跡が玉川となった。山々には玉姫を慕って鳴く狼の声が大正期まで響いていた。

❻ 白い狼の舞

三峯や御岳の山では、日本武尊の道案内をつとめたのは白い狼だと伝えられている。井荻村(旧名遅野井村)と関東の霊山・武蔵御岳山との繋がりは深く、現在でも「御岳講」の活動が続いている。

東京女子大学

理、善福寺風致協会の設立等があった。その風致協会初代会長となった内田は、風致地区の中核として既にあった池を拡げ、池の南側に広がる湿原を「新池／下池《しもいけ》」として造成した。ちょうどその頃、その湿原そばに住んでいた中西悟堂[*10]が、この造成工事に異議を唱えているのは興味深い事実である。

いずれにせよ、同じ武蔵野三大湧水池のひとつである井之頭池が「恩賜公園」として整備されたのに対して、善福寺池の場合は内田の考えに賛同した地主たちが自分たちの土地を提供すると共に、公園整備作業の担い手にもなった。土地の歴史を自ら刻んできた地元の先人たちには、深い敬意と感謝の念を抱かずにはいられない。その風致協会は残念ながら、公益財団法の改正等をきっかけとして、この遊歩音楽会開始以降の二〇一三年、その約八〇年の歴史に幕を下ろしている。

活動の拡大と深化

こんなふうにして七年経ったところで、予期せぬ事態が発生した。立ち上げ時から一緒に活動を進めてきた辻康介さんが「しばらくイタリアで暮らすことになった」と言うのである。話を聞いた直後、私はショックを受けたものの「遊歩音楽会のスタイルを見直す良い機会かもしれない」と考えるようになった。

*10　中西悟堂は、日本の野鳥研究家・歌人・詩人。日本野鳥の会創設者。

*11　津波により社が流され、鳥居だけが残るという被害を受けた岩手県山田町の大杉神社宮司・佐藤明徳《あきなり》は「山田祭り」の復活が復興の証として「復興祈願例大祭」を開催した。そうした事例の数々を紹介しているものに、一般社団法人非営利芸術活動団体コマンドN発行の書籍『東日本大震災復興支援プロジェクト：つくることが生きること』（二〇一二年一〇月一日）がある。

というのも、先に紹介した詩《うた》のテクストは基本的に、私個人の体験や想いをもとに作成したもの。でありながら、それは「私というメディア」に蓄積された、この地域の環境文化資源そのものであるとも言える。社会学において、個人を対象にした聞き取り調査から、特定の地域や時代に共通した事柄を引き出すことがあるように、〈池の畔の遊歩音楽会〉における私たちのパフォーマンスを通じてもまた、地域の普遍的な感性や価値を伝えることができるのではないか、といった考えが私のなかに生まれ、それが徐々に大きくなっていたのである。

その背景のひとつには、二〇一一年三月に発生した東日本大震災と、それに続く体験があった。たとえば、土地そのものが根こそぎ流されてしまった地域で、生き残った芸能が人々を力づけること、人々が新たな物語を生み出すことを、私たちはさまざまな形で確認した。[*11] そのため八年目以降の遊歩音楽会では、それまでに蓄積したプログラムとそこで紡いだ物語の基本的な流れを保持しつつも「個人が発する言葉からの脱却」と「アートから芸能への創造的回帰」をめざし、その実施方法にいくつかの変化を加えた。

まず、私自身が言葉を発することを止《や》めた。代わりに別のナビゲーターを導入し、私自身はその人と共に〈池の畔の遊歩音楽会〉全体の流れの推進役割に徹することにした。個人ベースの「語りと歌」によるのではなく、ある種の儀

遊歩音楽会・第二期以降　全体として土地との交流という祭祀・儀式的な色合いを強めた。つまり、遊歩の「行道《ぎょうどう》」的側面を意識し「修行・祀り・祈禱・奉納」といった要素を取り入れ展開した。銅像前では、参加者たちに内田秀五郎翁がこの地域に果たした貢献を確認すると共に、内田秀五郎翁へはこの地域における最近のできごとを報告しつつ感謝を捧げた。

池への感謝を捧げる舞を担当したノノリコ(松田依子)が専門とする古代フラは、自然(神々)への奉納の舞。遊歩音楽会では「あわのうた」を唱え、竹の棒で地面をたたきリズムをとる等しながら善福寺池に向けて踊った(左頁上中央)。

創作神楽グループ「冊月花」は、多摩川源流の山梨県小菅村につたわる「玉姫伝説」に基づく神楽創作を目的に結成された。玉姫の父、畠山重忠が源頼朝と行動を共にしていたと考えられることから、玉姫が市杵嶋神社を訪れるという物語を展開した(左頁上左と中央)。

地元の地主さんの協力で、竹林から切り出したモウソウチクを、楽器にしたてて演奏する(左頁左下)。

先導役となったトチアキも、冊月花の舞手(Ｓａｎｇｏ)と共に突如、踊り出す(左頁右下)。

式のようなパフォーマンスを通じて、参加者を巻き込みながら、環境との交流を深めることにしたのである。その結果、舞踏のトチアキタイヨウ、[*12] 創作神楽グループ「珊月花《きんげつか》」の花ヲ・月姫虹《つきこ》・Ｓａｎｇｏ、古代フラのノノリコが「池の畔の遊歩音楽会チーム」に加わることになった。

　このように遊歩音楽会を始めて以降、二〇一七年のパフォーマンス直前の「くぬぎ広場」での湧水の発生その他、私自身が予期しなかったいくつかの出来事とその展開があった。私にとってその最大のものは、この土地に蓄積された二つの伝説から紡ぎだすことになった「絶滅したニホンカワウソの精霊との出会い」である。

　善福寺池はかつて遅野井と呼ばれていた。この地名に関しては、次のような伝説がある……奥州征伐より大軍を率いてこの地に戻った際、干魃のため水を得られず困窮した源頼朝は、自ら弓で地面を穿ち水を求めた。水が湧き出るのが遅い、と軍勢が言ったそのとき、突如として七ヶ所から水が湧き出し、この池は「遅の井」と呼ばれるようになった。そのため、池の周囲の土地は遅野井、上井草村は遅野井村、井草八幡宮は遅野井八幡と呼ばれていた。この遅野井伝説は、池を中心とする地域に深く浸透していて、こどもの頃の私は、それをひとつの真実のように受け止めていたように思う。そして私は、〈池の畔の遊歩音楽会〉の実践を通じて、徐々にこの伝説を超えたオソノイの意味を知り

＊12　トチアキタイヨウとの出会いのきっかけとなった「一〇〇年後のまつりの支度」は、美術家・斉藤道有と舞踏家・栩秋太洋が、宮城県気仙沼市唐桑で二〇一五年より始めたプロジェクト、「その土地と暮らし、まつりや芸能について取材とフィールドワークを行い、今の暮らしをあらためて見つめ、未来にまつりを創造する試み」である。

公園に出現した湧水

たくなった。

　遅野井伝説は、鎌倉に幕府が開かれて以降、この土地が鎌倉武士の世界に組み込まれたことを意味する。が、池はそれよりはるか以前から存在している。鎌倉時代以前から、この池はオソノイと呼ばれていて、遅野井伝説はそこから生まれたとも考えられる。であれば、その「オソ」とは何か？　それが気になるようになっていた二〇一二年三月、「善福寺川を里川にカエル会（善福蛙《ぜんぷくがえる》）」*13が主催する見学会に参加した折、メンバーの一人*14から、遅野井のオソとはかつてオソ（獺）と呼ばれていたカワウソのことだ、という話を聞いた。

　早速当たった文献には天保一一（一八四〇）年、水量の多い善福寺川から桃園川に水を引くため、新堀用水をつくったとき「（用水路の一部は）従来あった水路を補修して使用したため、土手にカワウソの巣があって漏水が多かったところへ、同月下旬の大雨で、土手が数十間にわたり崩壊した」という記述があった。*15井荻村で土地区画整理事業が始まる以前は、善福寺池の周辺には湿地と水田が広がっていたのだから、池は「カワウソの楽園」だったはず、と考えるようになった。

　そしてこの池には、もうひとつの伝説がある。小学生の私は、夏休み中の登校日に教頭先生から次のような話を聞いた……。「当直の夜、トイレで物音がするので様子を見に行くと、三和土《たたき》に人間のものではない濡れた足跡がある。そ

二〇一七年一〇月末に台風二一号が東京を襲った後、善福寺上池の遅野井の滝そばの「くぬぎ広場」には数日間にわたり湧水が発生した。水の湧き出す穴は、ちょうど頼朝が自分の弓の筈で穴を開けたというその伝説に繋がるような形状だった。

＊13　善福寺川をフィールドに多自然川づくりプロジェクトをテーマに活動する市民団体。二〇一一年に島谷幸宏（九州大学大学院）と桑子敏雄（東京工業大学大学院）を発起人として始動し、井荻小学校の生徒たちとの協働で、善福寺池上池と下池を繋ぐ暗渠となっていた流れを対象に遅野井川親水施設化を実現した後も、各種の活動を展開している。

＊14　主要メンバーの一人「やとじぃ」こと平田英二氏。

＊15　森泰樹『杉並風土記　上巻』杉並郷土史叢書三、一九七七年、三五二頁。

れを辿っていくと善福寺の池に続いていた」という河童伝説である。この話を聞いて以来、黄昏《たそがれ》どきの池の畔で、私はときどき「河童の気配」を感じるようになった。

そのため〈池の畔の遊歩音楽会〉のなかで、第九地点に来ると私は「河童の鳴き声を聞いたのはこの辺り……」といった話をしていた。そうしたなかで「遅野井のオソ＝河童説」が私の中で浮上したのである。河童は、日本各地の川に生息するとされる伝説上の動物・妖怪。その姿は猿・カメ・カワウソのようとされるが、「獺《かわうそ》」の音読み「オソ（川に住む恐ろしい生き物）」と池の旧名「オソノイ」との繋がり等から、私は「この池の河童の正体はカワウソだった」と考えるようになった。*16

ニホンカワウソは、明治時代までは日本全国の水辺に広く生息していたが、乱獲や開発によってその棲息数が激減した。一九七九年以降その目撃例がなく、二〇一二年八月に絶滅種に指定された。この池とその周辺で、カワウソたちが元気に泳ぐ音、魚を追う音や歩く音……さまざまな音を発していたのは、果たしていつ頃までだったのだろう？　そのような想いと共に、私は「童歌《わらべうた》」と「謡曲」、二つの「カワウソのうた」をつくった。

「獺の童歌《わらべうた》」

＊16　安藤元一は、その著書『ニホンカワウソ――絶滅に学ぶ保全生物学』（東京大学出版会、二〇〇八年）のなかで、河童のモデルとなったいくつかの動物のなかで、一番カッパらしい生き物がカワウソであるとしている。

地元在住の詩人・柿沼徹による「河童、カワウソの記憶」を朗読する辻（左頁右）

「ほとりは枯れはじめたのに、川は流れつづける／河童にも流れの流れつづけるといういたたまれない気持ちはわかる／季節の変わり目に、むこうの高い欅《けやき》を伝わって、かみさまが降りてくる気配があった／根元に祠《ほこら》がつくられた／季節の変わり目に、笹原が騒いだ／河童の声が混じっている気がした／蛇行する川の水面の流れのように、あたりを過ぎていく初冬の風景／カワウソの記憶は鳴り止まない、もうここにいないから」というその詩は、本プロジェクトにおける朗読の定番となっている。

遅の井に何がいた
いたのは、カワウソ
カワウソはどこにいた
この池にこの川に
カワウソはどうなった
雲に乗り、星に行った

「カワウソの謡《うた》」
水ゆたか　集い泳ぐは　池のなか
魚追い　川をくだりて　また楽し
餌ゆたか　至福の日々は　長きにわたる
水ゆたか　至福の日々は　長きにわたる
たまさかに　人影みれば　また楽し
近寄れば　人影去るは　また楽し

「童歌」とは本来、特定の地域で起きた出来事をこどもたちが唱え伝える「作者不詳の歌」である。この「獺の童歌」に私は、仮に遅野井村にこのような童歌があったとしたら、こどもの頃にそれを唄えることができたのに……と

いう想いを込めた。この歌は今〈池の畔の遊歩音楽会〉のなかで、さまざまな形で登場する重要なアイテムとなっている。

一方「カワウソの謡」は、死者の霊魂を呼び出す能楽の伝統を踏まえ、この池の主だったカワウソの精霊が姿を現し、かつての情景とその頃の想いを謡うという設定でつくったものである。このようにして〈池の畔の遊歩音楽会〉におけるカワウソの精霊は、「元弁天《もとべんてん》」前のくぬぎ広場でチャンゴを打ちながら舞い踊るチェ（シテ）と、進行役として謡う辻（ワキ）が繰り広げる「カワウソ流能楽」として展開することとなった。

こうした活動を一〇年間にわたり展開してきた〈池の畔の遊歩音楽会〉だったが、二〇二〇年にはコロナ禍のため、野外を会場としているのにもかかわらず「リアル開催」ができなくなった。そのため〈池の畔の遊歩音楽会　跡地巡礼２０２０：トランスメディア　ウォーク〉を、翌年には第二弾として、放送番組を模したトークによって巡礼する〈跡地巡礼２０２１：ブロードキャスティング　ウォーク〉を企画実施することになった。私にとっては初のインスタレーションならびにインターネット技術の導入だったため、共同制作者として〈池の畔の遊歩音楽会〉発足以来の協力団体・都市楽師プロジェクトの主宰者・本書の共著者でもある鷲野宏に協力を依頼した。

〈トランスメディア　ウォーク〉(二〇二〇)では、「跡地」の一〇地点に設置した垂れ幕に記したQRコードを通じて、それぞれの場所でそれまでに展開した唄や踊りが立ち現れる。リアルな世界の只中で「土地に蓄積された記憶」をどこまで感じることができるかを問いかけた。また〈ブロードキャスティングウォーク〉(二〇二一)では「跡地」と遊歩音楽会メンバー間を「思考：THINK」によって繋ぎながら、プロジェクト全体を多くの参加者に開くことになった。*17

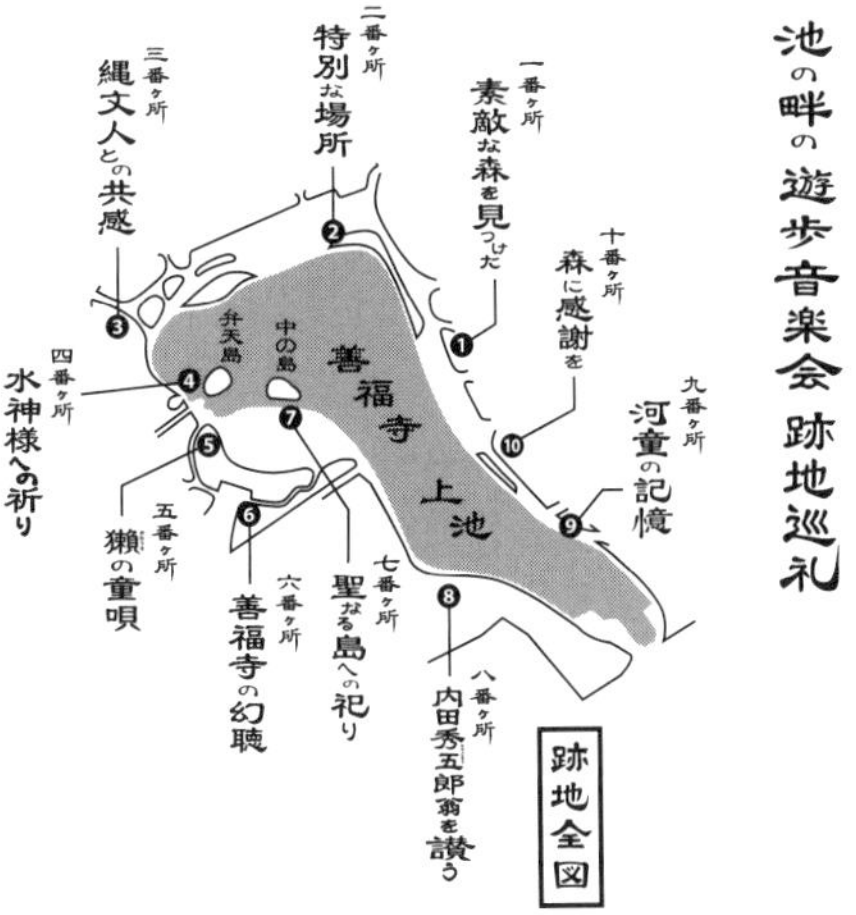

池をまわってやってほしいこと

巡礼箇所ごとの課題リスト

1. 三つ叉の木に抱かれたとき、あなたは何を感じるでしょう？
2. この場所で水が地上に湧き出したときのことを想像してみよう。
3. ドングリが落ちる音を通して大昔の人たちと交流しよう。
4. この地点で「雨乞い」をした人たちの気持ちを想像してみよう。
5. 久しぶりに「わらべ歌」を口ずさんでみよう。
6. ここで「鐘の音」が聞こえるとしたら、それはどこから・どんな音？
7. 目の前の島に棲まう各種の生物・生命たちと対話をしてみよう！
8. 今の公園を見て、内田秀五郎さんは何を思っているでしょう？
9. 頑張って「河童の声／カワウソの声」を聴いてみてください！
10. 全身で、ここの環境の素晴らしさを受け止めてください。

*17 メンバーたちから得た数々の貴重な「思考の証言」は以下より視聴いただける。https://www.otonoba-soundscape.com/ikenohotori/index2021.html

同時に会期中の現場（善福寺池上池周囲のインフォメーション）に設置した紙媒体のフライヤーには、「池をまわってやってほしいこと／巡礼箇所ごとの課題リスト」として「この場所で水が地上に湧き出したときのことを想像してみよう／ドングリが落ちる音を通して大昔の人たちと交流しよう／久しぶりに「わらべ歌」を口ずさんでみよう」といった事項を記した。

おわりに

ここで思い出されるのは、序で紹介した「サウンド・エデュケーション」、即ちサウンドスケープの考え方に基づき、身近な環境に耳を傾けるための「聴く技術」の回復と育成のために開発された教育活動のことである。この用語をタイトルとしたシェーファーの著書には、「聞こえる限りもっとも遠くの音を聴きとってみよう。それは何の音？」「あなたのコミュニティを特徴づける音は？」等々、一〇〇の課題が収められている。そして、最後には次のように綴られている。

サウンドスケープ・デザインは内側から始めなければならない。それが本当に意味あるものになるには、まずは感受性の鋭い市民からの要求がなければならない。まず、個人や小さなグループから始まり、それが池の水面の波紋のように次第に広がっていき、多くの人々を巻き込み、さらに全市民に影響を与え、最後に政府も動かしていく、そうしたひとつの教育プロセスなのである。サウンドスケープ・デザインがそのような形で実現されたときに初めて、世界のサウンドスケープはより洗練された美しいものになるだろう。それぞれの土地の魅力にあふれたものとなるだろう。[*18]

サウンド・エデュケーションのいくつかの課題を試みると、さまざまな音や気配が、自分自身が身体のなかに湛えているものと響き合うことに気づく。サウンドスケープという考え方は、私たち一人ひとりの生活のデザイン、生き方のデザインをも促していく。まちづくり等の活動にも繋がっていく。

〈池の畔の遊歩音楽会の挑戦〉とは何だったのだろうか？　それは私にとって、故郷の池とその周辺の土地に改めて向き合い、その土地との対話をさまざまな意味で味わい深める作業そのものだった。自分自身がこれまで故郷の土地とのつきあいのなかで漠然と感じていたこと、大切に思っていたこと、さらには疑問に思っていたこと等をより明確な意識のもとで展開していくこと、それを何年にもわたって継続していくことが、その土地に対する自分の感受性を、より広く深いものにしたことは言うまでもない。

＊18　R. M. Schafer, *A Sound Education*, Arcana Editions, 1992.（鳥越けい子・若尾裕・今田匡彦訳『サウンド・エデュケーション』春秋社、一九九二年）

また、これまでにも述べてきたように、プロジェクトを始めて以来、当初は予想しなかったようなさまざまな出来事が起きた。そこから自分のなかにも新たな思いや感覚が起き、それに導かれて思わぬところまで歩いてきたような気がする。その活動の総体は、アートフェスティバルへのひとつの参加作品、ひとつのプロジェクトを超えるものとなっていった。

一般に「アート」というと、ギャラリーやコンサートホールのような隔離された空間内で展示・展開される作品やその表現活動をイメージする。その一因は、「アート」という言葉が、明治時代に輸入された「ファインアート」の邦訳の略語として使われているからである。これに対して私自身は、本来のアートとは、日常生活の延長上にふと立ち現れてくる新たな風景やその出現のしかたにも関わる「総合的技芸」に通じるもの、と考えている。

日本語の「音楽」が「ミュージック」に対応する言葉になったのも、明治以降のことである。そしてミュージックの語源、古代ギリシア語「ムシケー」は、文芸、音楽、舞踊、歴史、天文などを司る「ミューズ(詩の女神)たちの技芸」を意味するものだった。そうした総合技芸としてのアートを私は今、これまでになく身近に感じずにはいられない。

サウンドスケープという考え方がもたらす「実際の土地との対話と各種の触

発」が、アート活動をさまざまな次元に還元していくことを、そしてまた、自分自身のなかに引いてきたさまざまな境界線を乗り越える感性を与えてくれることを実感しているところである。

なお、本稿の元となった研究活動の一部は青学の個人研究費、ＡＣＬプロジェクトの研究費の一部ならびに、その調査研究活動のなかには科学研究補助金（Ｃ）１５Ｋ１４１００の助成を受けて実施した。

——— 都市に身を置き観察する

鷲野 宏

都市に身を置き観察する
界隈性とサウンドスケープ

——鷲野　宏

一　日常の読解

まちを歩いていると、ガラッと場の空気が変わるところがある。例えば、路地に進み入る時の感覚。表通りから路地へ入る。途端に表通りの喧騒は薄まり、特有のしんとした空気に包まれる。そんな空気感の変化は、様々な空間的要素の差が複合してつくり上げているものである。低層の木造住宅に囲まれた路地には、軒先にいくつもの鉢植えがびっしりと置かれているような家がよくあるが、建築学者・鈴木成文[*1]はこれを、住人による、道ゆく人々への意識的な表現として、「表出」と呼んだ。それに対し、住人の意図しないかたちのものは「あふれだし」と呼び区別している。[*2]路地に面した古い木造住宅の場合、内と外との関係は豊かで、家の中からは微かな話し声、ラジオやテレビからの音

鷲野宏（わしのひろし）　アートディレクター／デザイナー。芝浦工業大学で建築意匠や都市環境デザインを学んだ後、代議士秘書を経て、デザイン事務所を設立。グラフィックデザインやアートプロジェクトを中心に活動。音や音楽を刺激として建築や都市の「その場らしさ」を共有していく「都市楽師プロジェクト」を主宰。代表的実践に、移動する船上から音をきっかけとして、「時代ごとに変遷する価値観の積層としての都市のかたち」をリアルな現実の中で体感する「名橋たちの音を聴く」がある。地域の魅力に意識を傾けるためのプロジェクト（建築見学会・まちあるき・音楽祭・運河などの公共空間での社会実験）にも多数参画してきた。

＊1　鈴木成文　日本の建築学者。専門は建築計画学。第二次世界大戦後復興期の住宅不足の中、一九五一年、公営住宅の間取りの研究・設計に参加。その成果である「五一C」はダイニングキッチン公営住宅の原型となった。

が聞こえてくることもある。表通りでの、複数の商店からの「いらっしゃい」などの声掛けが道を介して混じり合う様と比べてみるとおもしろい。環境の音に注目してみれば、前者は「音のあふれだし」、後者は「音の表出」ということができそうだ。視覚的な風景と共に聴覚的な風景は界隈[*3]の雰囲気をかたちづくる重要な要素といえるだろう。重要なのは「意図」したもののみならず、ということだ。もちろん、夕飯のにおいや日陰の涼しさも、視覚的なもの、聴覚的なものに加えて複合することで、均一性とは真逆の、その場らしさ＝界隈をかたちづくる。これは、まちの表通りでも、国家の中枢部でも同じことで、界隈の感覚は、その場に身を置くことでしか感じられない。人がその場所に居ることを実感するために、本来とても大切なものだ。

森に入れば、木々のざわめき、小川のせせらぎ、鳥の声などに敏感に耳を傾けるのに、都市のサウンドスケープに耳を傾けることは、一九六〇年代末にサウンドスケープ概念が提唱されて五〇年余り経った今でも、まだまだ特殊な行為といえるかもしれない。しかし、かつての日本には、都市においても、音の風景を愛でる文化があった。内と外とを曖昧にする空間性。柱と梁でできた家屋。縁側・軒先あるいは見世[*4]といった内と外を明確に区切らない曖昧な領域。むしろ、そこでは、都市生活が環境の音と共にあるのが普通だったという方が

＊2　表出・あふれだし　鈴木成文『住まいの計画・住まいの文化——鈴木成文住居論集』彰国社、一九八八年。

＊3　界隈　あるまとまった雰囲気を持つ一帯。面的なものもあれば線的な一帯もある。界隈の規模をどう捉えるかは、どんな基準で界隈を捉えるかで決まる。

＊4　見世／店　商品を見やすいようにある程度の高さで陳列して「見せる」棚である「見世棚」に由来。見世棚という言葉は、鎌倉時代末期頃から商品を売る場所の名称として定着。後に見世と略され、「店」という字が当てられるようになった。

鈴木春信筆、東京国立博物館、『柳屋見世』（東京国立博物館所蔵）

正しいかもしれない。明治以降の近代化の流れにあって、ヨーロッパ的なるものがあらゆる面に導入される中で、その趣向は徐々に衰退の一途を辿る。決定的だったのは高度経済成長期の経済合理主義で、かろうじて残っていた環境を聴く文化は徹底的に衰退した。しかし、全てが失われたわけではない。過去から継続された環境にも新たな活動の中にも、探せばその気配は息づいている。

カミロ・ジッテ[*5]が、一九世紀の近代都市計画における芸術面での不成功への憤りから、過去の広場と建物との関係の図化とその評価を試み、芸術都市の再生を目論んだように、それらを手がかりにして、都市環境におけるサウンドスケープの重要性を探り、個性ある界隈性の意識的な再生や醸成に活かす手がかりを探ることはできないだろうか？

界隈を発見する為のまちあるき

どの角を曲がるかで、まちの表情はその印象を大きく変える。だからこそ、ある種の「嗅覚」を頼りに「日常の慣性力」を跳ね除けて、いつもとは異なる道を選択することが大切だと思う。物体には、何か力が働かない限り常に現在の運動状態を保とうとする慣性という性質があるが、人の感性にもそのような傾向があるらしい。電車が発車するとき、乗客はそれとは反対方向の力を感じるが、そんな慣性力を跳ね除けてこそ別の場所に移動することができるという

＊5　カミロ・ジッテ　一九世紀後半のヨーロッパで活躍した建築家・都市計画家・学者。近代都市計画の見直しを説いた。同時代のパリやウィーンでは近代的な都市計画手法により大規模な都市改造が行われていた。

＊6　遊歩者（フラヌール）　一九世紀のパリに現れた、「パサージュ」と呼ばれる屋根付き商店街であるアーケードの賑わいに誘われ、あてもなく歩く人々のこと。二〇世紀のはじめに哲学者ヴァルター・ベンヤミンは、パサージュに注目し、都市を遊歩し観察することで、その歴史に立ち会い、その社会の価値観の「表象」に迫ろうとした。草稿は死後に「パサージュ論」としてまとめられている。

訳だ。「まちあるき」を行う者は目的地に向かい近道を足早にゆく者であってはならず、一九世紀パリの伝統を受け継ぎ「遊歩者（フラヌール）」[*6]でなくてはならない。「まちあるき」には、何にこだわるかにより様々な流儀があるが、押さえておかなくてはならないのは、歩いている自分の周囲に広がる世界を俯瞰ではなく遠近法的に（どの感覚に重きを置くかは別としても）全身感覚で体感することが前提になっているということである。「まちあるき」とは、そうして得た体感から、その場所らしさ＝界隈性を紐解く行為であり、界隈性からその場所が辿ってきた、または辿っている「ものがたり」を連想し、確かにあった過去から現在までの社会（正確には地域や国家などのレイヤーごとにある共同体を構成する価値観）の《うつろい》を読む行為でもある。こうして「まちあるき」は歴史と繋がる。

古くからの商いがつくる界隈

柴又帝釈天参道に並ぶ小売商店の多くは、参道に向かって開かれている。内から外に積極的に働きかける「見世」となっているため、外から中の様子を窺い知れ、中にも参道の気配が入り込む。天ぷらを揚げる音、飴をたたき切る音、名物の川魚料理のための水槽の水音、売り子の声かけなど、大きな音量の前ではかき消されてしまうような音で参道は溢れ、互いに影響しあい独特のサ

柴又帝釈天参道

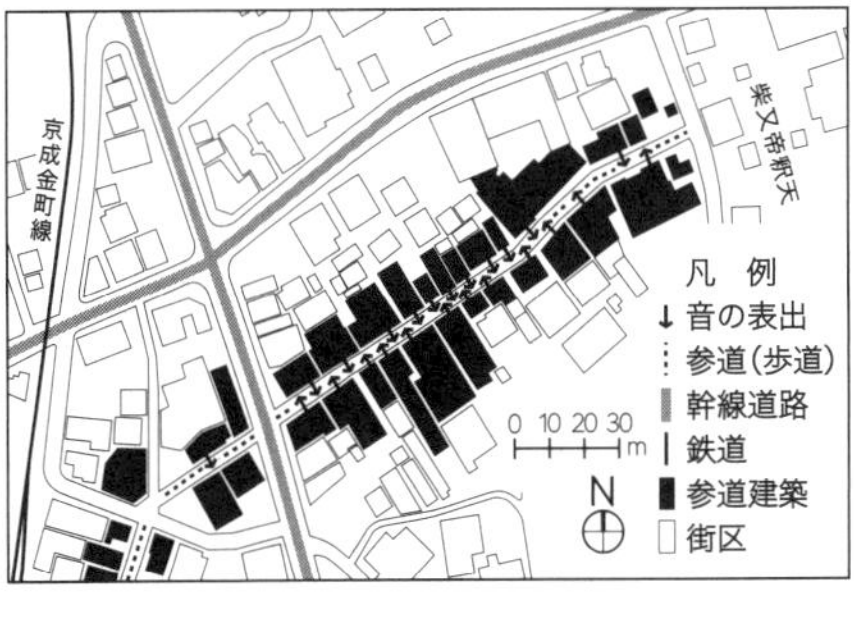

図1　柴又帝釈天参道の音環境

ウンドスケープを形成している。参道が道幅五メートルほどのヒューマンスケールの歩行者専用道路であること、建物と道幅のバランスにより、参道に幹線道路の車の走行音が届きにくいことが、小さな音を基礎とする聴覚的界隈の成立に寄与していると思われる。参道に並ぶ店舗のうち、音の表出があるかないかを調べてみたところ、駅に近いエリアでは音の表出は少ないが、車道から山門に至る参道に並ぶ全てのお店から何らかの音の表出があった。ひとつの音が抜きん出て大きくなることもなく、空間のスケールとお店の種類や並び方が複合してその音の界隈性をつくっているので、この空気感はこの場所固有のものとなる(図1)。

近代の言語でデザインされた界隈

「ニュータウン」と呼ばれる計画都市は、そのエリアを通過するだけの自動車の交通の排除と徹底した歩車分離、オープンスペースの体系的配置など、C・A・ペリー*7が一九二四年に発表した『近隣住区論』に示された、未来にあるべき居住地のあり方を体現している。通過交通排除は車の走行音が届くエリアの縮減を期待でき、体系化された公園・歩道は自然音の付加・雑踏のマスキングで、それぞれ静けさのある住環境の形成に寄与してきたという点で、個性あるサウンドスケープが生まれやすい。千葉市の「おゆみ野ニュータウン」で

*7 **クラレンス・アーサー・ペリー** 米国の都市計画家、教育学者。幹線道路で囲われた小学校区を一つのコミュニティーとして捉え、その内部で都市施設を計画的に配置する近隣住区論の提唱者。ハワードの田園都市構想とともに二〇世紀のニュータウン計画を支えた。

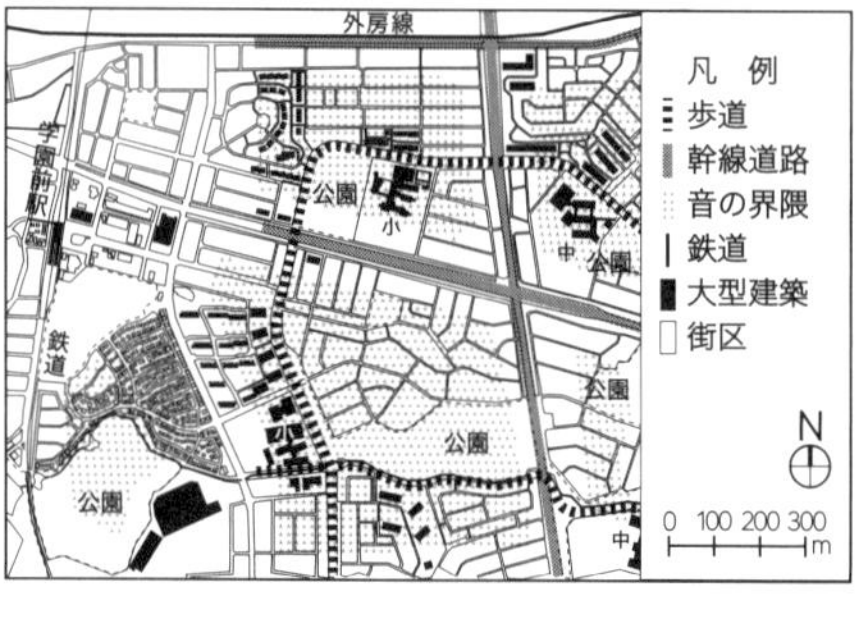

図2 おゆみ野ニュータウンの音環境

は、その全域を幅の広い緑地帯を伴う遊歩道が幹線道路から適度な距離を取りながら結んでおり、幹線道路と交差するところでは、橋やトンネルを用いて、直接の交差を防いでいる。遊歩道を歩くとき、そこはまるで公園の中を歩いているように感じる。ただし、走行音の大きなバイクなどによるエリアへの音の侵入を許してしまう建物の配置もみられ、エリア内の幹線道路と建物の配置については、意識的にデザインする姿勢はまだまだ定着していないように感じる(図2)。

「代官山ヒルサイドテラス」は、建築家・槇文彦[*8]と朝倉不動産を中心とする協働により、一九六九年から約三〇年をかけ段階的に形成されてきた建築群で、モダニズムの建築手法と日本の伝統的な空間構成・敷地への敬意を併せもつものとして国内外で評価されている。敷地は旧山手通りの両側に位置するため、車の走行音の影響が強く懸念されるが、建築内外に配置されたパブリックスペースとそれを結ぶ路地では、土地の高低差や古墳の形状などのランドスケープを活用した遮音、建築で空間を囲むあるいは挟むことによる遮音、敷地内の大型樹木による遮音及び木の葉の揺れによるマスキング、隣接する緑豊かな日本庭園からの音の滲み出し等によって、幹線道路沿いに展開する空間にもかかわらず、静けさを含む多様な音環境を体験できる(図3)。

具体的に観察してみると、なぜ、この空間が豊かなサウンドスケープをもっ

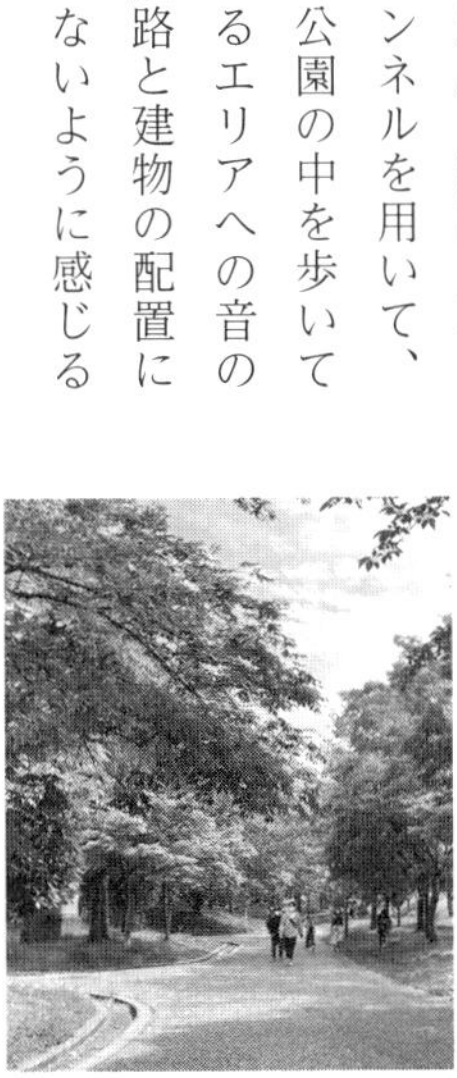

おゆみ野ニュータウンの遊歩道

＊8　槇文彦　現代日本を代表する建築家のひとり。主な作品に「ヒルサイドテラス」、「幕張メッセ」、「スパイラル」などがある。

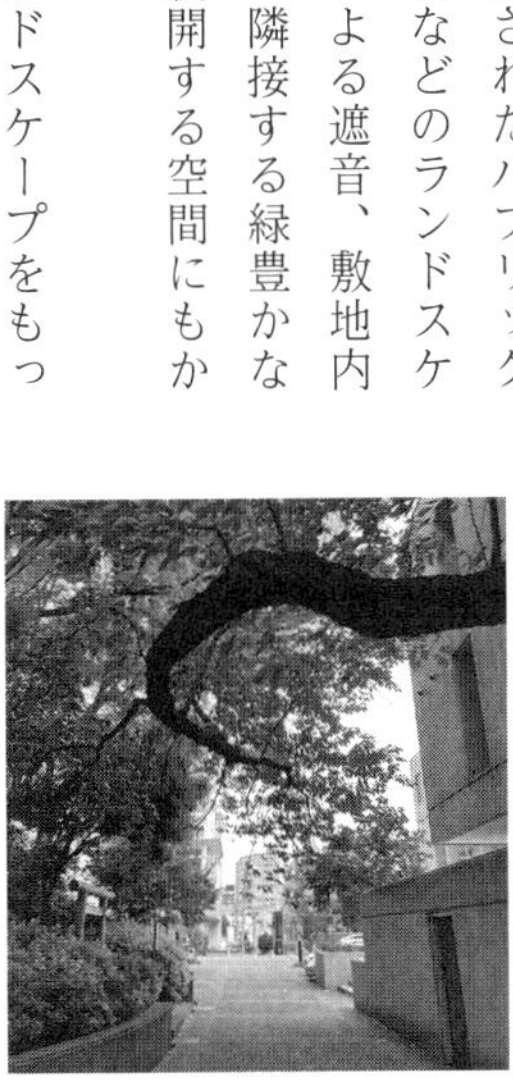

代官山ヒルサイドテラスの樹木　前方の幹線道路の音が左の古墳と右の建物、空を覆う樹木によって軽減されてゆく。

ているかは容易に推測できる。例えば、A棟とB棟の間にあるサンクンガーデンでは、元々の地形の高低差を活かして幹線道路より一階分低い位置にあること、両棟の隣接距離は地上階で八メートル、二階で六メートルと比較的狭いこと、広場を覆うように樹木があることなどが相互に作用し、車由来の音は緩やかに遮音され、心地良い自然を感じさせる環境音が加えられている。また、隣接する庭園の環境を、境の塀の高さを適度に抑え呼び込んでいることで、葉の風に揺れる音やそこを訪れる鳥の囀《さえずり》を聴くことのできる音環境が増幅されていて、いわゆる「借景《しゃっけい》」に対し「借音《しゃくおん》」とでも呼びたい状況を呈している。それらは同時に車の音をマスキングする効果もある。こうして、遮音とマスキング、

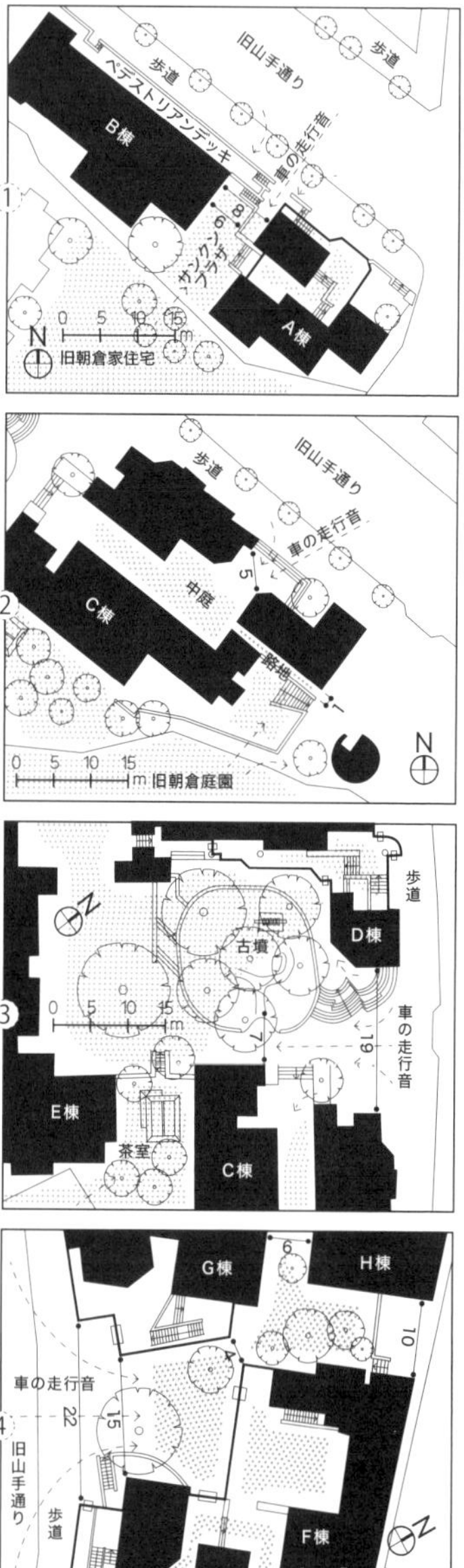

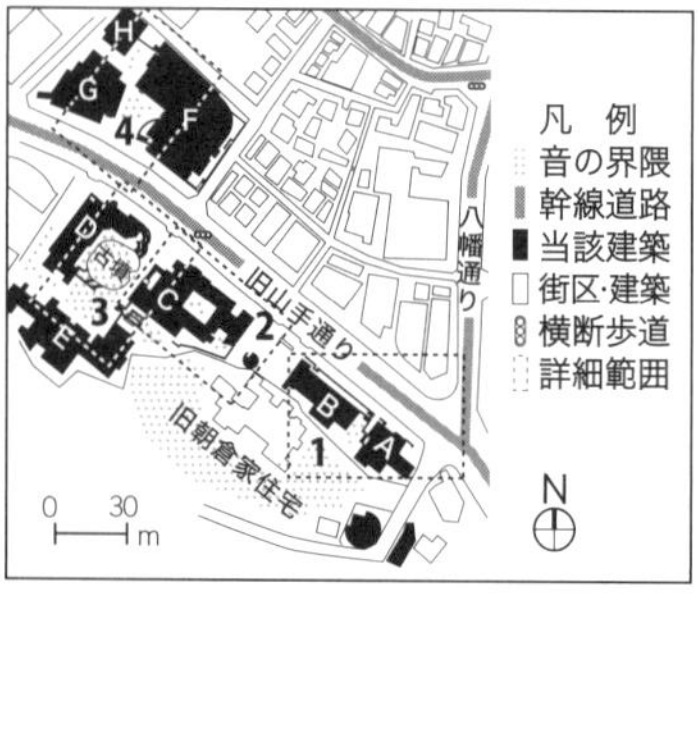

図3 代官山ヒルサイドテラスの音環境

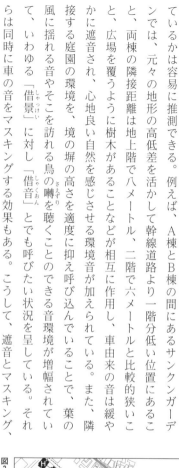

そして「借音」により、車通りの多い幹線道路に面しているとは思えない、オープンテラスで食事を楽しむことや、時には屋外で結婚式も行われる程の落ち着いた音環境が形成された。

また、CDE棟で囲まれた広場も興味深い。この空間では、幹線道路から敷地の奥側に進むにつれて、徐々に静寂が増し、まるでそこには音を減衰させる見えない結界が幾重にも重なっているようだ。C棟とD棟の建築間隔は最短部でも約一九メートルあり、幹線道路を行く車の走行音は、一旦敷地内へ引き込まれるが、大人の耳の高さにおける開口部の距離は、D棟の階段で徐々に狭められ、古墳の位置で一気に四メートルまで狭められる。幹線道路への開口部は、少しずつ狭められることにより、走行音を徐々に減衰させてゆく。また、大樹が生い茂ることによる、葉音や鳥の囀による音の追加や車の走行音に対するマスキング効果も大きく作用し、表から奥へと通じる空間の遷移を感じることができ、音の環境からもプライベートな空間に立ち入った感覚がある。

喧騒がつくる界隈

二〇〇〇年に渋谷スクランブル交差点に面した商業ビル「QFRONT」に大型屋外ビジョンが設置されたことを皮切りに、六つの屋外ビジョンが交差点に面して設置され、その全てから大音量の広告音が流れている。これは、信号を

渋谷スクランブル交差点

図4 渋谷スクランブル交差点の音環境

待つという行為により、多くの人が一定時間強制的に滞在する交通拠点だからこそ生まれたといえる。複数のコマーシャルが交差点の空間に向けて同時に流れることによる独特の音環境は、まさに世界のどこでもないこの場所独特のものである。これは、騒音として捉えることもできようが、全身感覚で渋谷の駅に降り立った実感を得ることのできる個性的なサウンドスケープでもある。車や電車の走行音、大勢の人々の話し声をゆうに超える過剰な音の追加で、渋谷という日常の場の「らしさ」を音から醸成している稀有な事例といえる(図4)。

神田川の聖《ひじり》橋—昌平橋付近では、鉄道網の東京中心部への延伸のため、明治三七(一九〇四)年に御茶ノ水駅、明治四一年に昌平橋駅、明治四五年に万世橋駅が次々と開業した。その川面をゆくと、川と並走する中央線の走行音、総武線と丸ノ内線が川を渡る音、駅のホームからのアナウンス音などが混合し、鉄道と共に形成された地域の歴史を聴覚的に体感できる(図5)。「騒音」も「文化」となり得る可能性のある事例である。鉄道の運行に起因する音環境は、一般的には騒音として認識されるのだろうが、ある意味、現実の都市が機能している証拠であり、それらの都市を形成してきたそれぞれの時代の価値観の「音のあふれだし」として、音環境を積極的に観察・体験してゆく態度も、また都市観察の態度ということができるのではないだろうか?

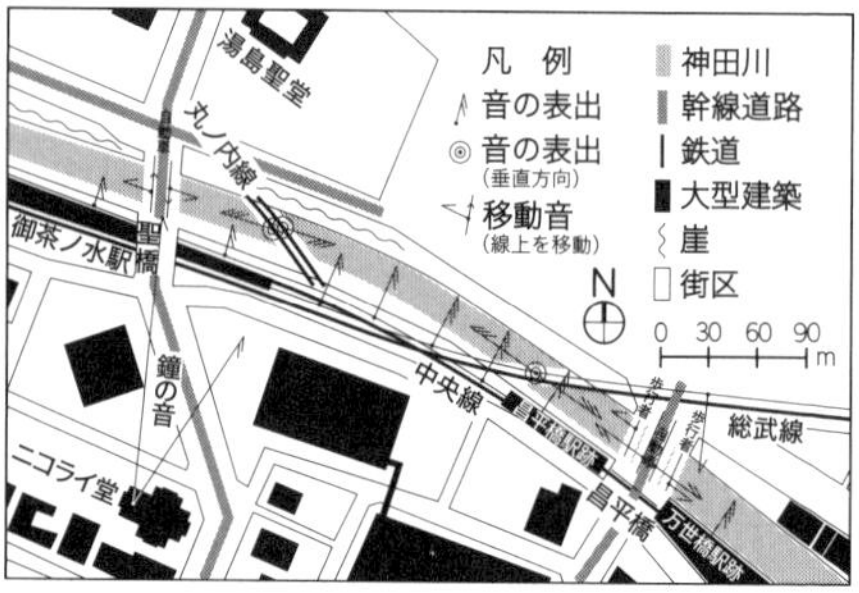

図5 神田川聖橋付近の音環境

＊9 時の鐘 市中に時刻を知らせるという目的で鳴らされた鐘。江戸時代

継承された音源と変化する界隈

江戸時代に時刻を市井《しせい》に広く知らせるために、昼夜に六回ずつ鐘撞《かねつき》がされていた「時の鐘」[*9]は、その鐘音が聴こえる範囲において、聴覚的側面から江戸の環境を特徴づけるサウンドスケープとして、当時の人たちに受容されていたはずである。店々は夜明け前の明け六つを聴いて開け、日没後の暮六つで閉めたのだという。時の鐘は当時の人々の生活の一部だった。寛文九(一六六九)年に設置された上野寛永寺の時の鐘の音は、鐘楼から南方一八〇〇メートル程先にある筋違《すじかい》橋(現在の万世橋と昌平橋の間)付近まで充分に到達していた記録があり、現在も鐘楼から南方五〇〇メートル程先の不忍池南端付近までは、自動車の行き交う昼間でも、それほど意識しなくとも聴き取れる。鐘撞頻度は朝昼晩の三回と、江戸時代に時報として鳴らされていた時と比べ回数こそ減ったものの、現在も一年中休まずに鐘撞がなされている。音源の動態保存[*10]がなされていることや、鐘楼のあるかつての寛永寺の境内がほぼそのままに近代公園化され、ある程度環境が維持されていることで、現在でも、その可聴範囲に身を置けば、江戸のサウンドスケープの名残を追体験できる稀有な事例と言える。ただし、正午の鐘の音は、博物館や美術館のあるエリアにおいては、人々の声による賑わいに加え、拡声器を用いた路上パフォーマンスやアナウンスなどでかき消さ

に始まる。寛延三(一七五〇)年時点での幕府公認の時の鐘は一〇ヶ所。その可聴範囲を現代の東京の地図に図示した。実線は聴取料を徴収していた範囲。点線は推測範囲。吉村弘『大江戸時の鐘 音歩記』春秋社、二〇〇二年より作成。

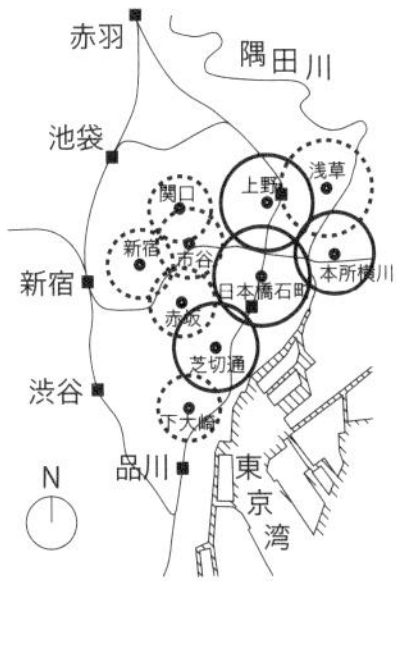

＊10　動態保存　保存にあたり、保存の対象物を展示室に閉じ込めるのではなく、かつての利用方法をもとにその利活用を行いながら、保存対象物とともにそれを取り巻いていた状況そのものを保存し、その文化的価値を共有していくという保存の形態。保存と活用の共存を目指す考え方で、蒸気機関車の運行や歴史的建造物の利活用といった例がある。

れたりするので、かえって遠くの静かな場所の方が聴こえたりもする。せめて、一二時の鐘撞のときだけは、時報は鐘に任せ、公園内のスピーカーからの発声

図 6 上野寛永寺「時の鐘」の昼の可聴範囲（2020-23 調査）

や大きな音を伴うパフォーマンスの一斉停止などの措置は取れないものだろうか？　比較的聴きやすい不忍池周辺でも、池に迫り出して設置されている野外ステージ等で拡声器による大きな音が生じていれば、注意を払っても聴き逃す程となる。都市における鐘の音の可聴面積の縮小は、日本に限らず世界的な傾向だが、その原因は大概同じで、建築物の巨大化による遮音と自動車の走行音、拡声器による音の氾濫等によるマスキングである。ここでも、特に不忍池を囲む建築群と幹線はその外側への音の伝播を妨げ、公園内でも、大型建築による遮音や大きな音の氾濫によって、かつての可聴範囲を大幅に狭めている。地域を代表する可能性のあるサウンドスケープの保存にとっては、音源の保存だけでは駄目で、その周辺の面的かつ動的な環境の保全こそ大切なのだが、この地は、これを大切に思う考え方とそれとは異なる現在の常識という価値観のせめぎ合いを感じる場所であり、音の風景と界隈性の関係の現在性を考える上で示唆に富む場所である(図6)。

文化資源としてのサウンドスケープ

このように、サウンドスケープは、界隈の個性を聴覚的に支えている大切な文化資源であり、視覚的な風景や時には香りや名物の味などと密接に絡み合いながら、界隈の個性をかたちづくっているはずなのだが、それらは、それを感

寛永寺時鐘堂　鐘は台地の際にあり、鐘の南南西・不忍池のエリアでは遮るものがないため、現在も鐘の音が届く。

受することに意味を見出す能動的な態度と密接に関係している。つまり、サウンドスケープは、共同体の持つ聴く文化を基盤としているため、その成立には、一定の価値観の共有が前提となる。しかし、環境の音への関心が低く、環境を聴く文化が薄い社会では、野放図にスピーカーなどを媒介した大きな音がつくられ、それらはかき消されてしまうこともあるし、逆に静寂を至上として、地域的な文脈を考慮せず、寺の鐘楼のような重要な地域文化資源であるサウンドスケープをも騒音として評価し、失われてしまう可能性もある。全国一律の常識あるいは合理的な価値観の中では、サウンドスケープはともすれば自然に消滅する危険性すらある。

　これを大切にするという態度には、個人的利益を超えた公共的なものの見方が必要なのではないか？　ただしこれらは多数決の合意形成で決まるようなものではない。全国一律の模範解答があるわけでもない。あくまで地域に根ざした文化であるのだから、地域の人々を中心として自然的な空気感のようなもので醸成していくほかない。その為には、人々が地域のサウンドスケープへの気づきを得て、それらのサウンドスケープを愛でる文化をつくっていかなければならない。だからこそ、音の風景への意識を共有するための「気づきの装置」の重要性がある。サウンドスケープを考えることは、地域を愛でる文化の醸成を図ることでもある。それはあらゆるレイヤでの他者との対話を繰り返すこと

＊11　マックス・ニューハウス　サウンド・アーティスト。サウンド・インスタレーションの先駆者とされる。

＊12　ビル・フォンタナ　作曲家、アーティスト。一九七〇年代以降、環境音をもとにした様々な音響彫刻作品を発表。

＊13　ピーター・リチャーズとジョージ・ゴンザレスによるサンフランシスコ湾の埠頭に届く波のエネルギーをパイプを通し変調して聴く「波のオルガン」（一九八六）、ダグラス・ホリスによる風のエネルギーを音に変換する「エオリアン・ハープ」や「風のオルガン」など、自然を可視聴化する環境アーテ

で到達可能な地域の個性である。サウンドスケープに対する態度は公共的なものの考え方の成熟度を示す指標でもある。

ポストモダンの試み

近代合理主義の綻びが目立ってきた一九六〇年代前後以降の、モダンに代わる新しい行動原理が求められた時代。慣れ親しんだ日常の都市への関心を音の観点から誘うようなアートプロジェクトや都市環境を音から見つめ直すデザインプロジェクトが続々とつくられた時期があった。マックス・ニューハウス[*11]によるタイムズスクエアの地下鉄の排気口からの重低音サウンドによるインスタレーション(一九七七)、ビル・フォンタナ[*12]による歴史ある橋の振動音や周囲の音を、近くの新しいものを代表する高層ビルの麓《ふもと》のパブリックスペースから「リロケーション」して流す「ブルックリン橋一〇〇周年音響彫刻」(一九八三)などの試みなど枚挙に暇がない。これらは、都市環境自体へのある種の関心の無さを前提とし、都市環境の意味を問うものだったと思う。八〇年代、恒久的なパブリックスペースの設計においても、自然や都市の環境を音に変換する作品[*13]は勢いを増す。その下地には、アートからの提言が目立つようになる前の六〇年代から、滝の音や樹木がつくる音に着目して場所性を際立たせようとするいくつものデザインプロジェクト[*14]があったことは忘れてはならないだろう。

ィストの活躍がみられた。また、吉村弘による広場に設置されたパイプから環境音楽が流れる「サウンドタワー」(一九八七)など、都市環境のための作曲とその恒常的な配置という試みもみられた。

＊14 米国の風景設計者ローレンス・ハルプリンは、ポートランドでの滝の流れ落ちる水音に包まれる公園「オーディトリアム・プラザ」など(一九六一—六八)を、同じく米国の造園家ロバート・ザイオンはニューヨークの幹線道路に面する小さな公園の奥に滝を、空間全体に樹木を配し、水音と葉の音で幹線道路の気配をマスキングした「ペイリーパーク」(一九六七)などを、日本の建築設計組織事務所・日本設計は、西新宿において、道路よりも一段低いエリアに広場を配置することで、幹線道路由来の音を広場に届きにくくし、その上で滝音や樹木によるマスキングも行った「新宿三井ビル55HIROBA」(一九七四)をつくるなど、都市環境の中に空間の音響的独立性を持った界隈を意図的につくる事例もみられた。

しかし、それらポストモダンと呼ばれた時期に精力的に試みられた、音から日常を読解したり、実際の都市環境にサウンドスケープへの配慮を実装するという試みは、世紀末頃から続くモダンへの回帰あるいは超近代の到来とも呼ばれる合理主義の流れの中で、むしろ後退し、残念ながらニッチなものであり続けているように思う。音の環境のみならず、都市環境自体への関心の薄さ。いまだ、まずは都市環境への関心を誘うための試みの必要性を感じる。

江戸という都市は、その物流を運河に依存しており、世界中の大きな近世の歴史都市の多くがそうであるように「水都」であった。現在の東京では、その多くは埋め立てられているが、かろうじて残った運河からまちを観察し、江戸・東京の積層した歴史を概観することに意義を感じ取り組んでいた頃、幾度となく運河を行き来するうちに、短い距離に多くの橋が架かる日本橋川の橋の響きのバリエーションに興味を持つようになった。運河を利用しない日本の日常において、運河という非日常の視点に加えて、視覚以外の感覚も動員して観察することができれば、都市という現象について理解を深めることにつながるのではないか?

都市環境そのものへの関心を誘う試みが必要であるという問題意識と、こうした運河での体験から、橋の下の響きに注目したアートプロジェクト《名橋たちの音を聴く》をつくることになった。

二　《名橋たちの音を聴く》という実験

橋にはそれぞれ独特の響きがある。しかし、さらりと舟で通過するだけではその響きの「実力」を体感することはできない。甲板から声や楽器による様々なタイプの音を発しながら、ゆっくりと橋と水面がつくる空間に進み入り、その音と周辺のサウンドスケープが混じり合いながら変化していく様を確かめていくことで、ようやく橋の響きの個性が浮かび上がってくる。それは、音を発することで呼び起こされ、あたかも音に憑依した土地の精霊ゲニウスロキ[*15]の声を聴いているかのようだ。響きの印象には、楽しげなものもあれば、クリアなもの、深遠なもの、時には畏怖の念を抱かせるものもある。音源により表情を豊かに変えるものもあれば、時間帯による変化の著しいものもある。当然だが、その響きは劇場や音楽堂のように静寂を前提とし周波数帯ごとの残響時間を計画してつくられた訳ではない。その土地の来歴の結果として意図せず偶然に生み出され、その時々の都市の躍動音によって刻々と変化するものであり、時として、その偶然性が静寂のホールで聴くよりも情緒を揺さぶることがある。

R・マリー・シェーファーは「騒音公害は人間が音を注意深く聴かなくなっ

＊15　ゲニウスロキ　ラテン語で「場所の精霊」の意。場所特有の雰囲気のことで、地形や歴史の蓄積による固有の価値を体現する「その場らしさ」を意味する。固有の価値を体現するエリア。

た時に生じる」[*16]とし、現代人の聴取態度の「音楽」への偏向、「音楽」以外の音への閉鎖性にその要因があるとした。しかし、その「音楽」への偏向こそが、車の走行音が絶えず降り注ぐ「劣悪な音環境」のなかで、敢えて電気的な拡声は行わずに、橋の響きの機能だけを通じて「音楽」を聴くときには逆説的に作用し、「騒音」は「音楽」の一部あるいは一体となって「音楽」として感受され耳に届くようになるようだ。聴きたいものしか聴かないという感覚の慣性力によって、世界に溢れる豊かな音に耳を閉ざしていたはずが、聴くことのできる「音楽」の刺激によって、世界に耳を開き、都市のサウンドスケープを聴く耳は能動的に用意されることになる。

試みの概要

日本橋川及び神田川で行ってきた《名橋たちの音を聴く》というプロジェクトは、オープンエアの舟[*17]に音楽家と乗り込み川面を移動しながら、江戸・東京四〇〇年の都市の歴史を「音」を契機に全身感覚と言葉による連想を通じて体感してゆく、偶然性[*18]に満ちた一回限りのインスタレーション[*19]である。音楽家の発声や楽器の演奏により生じたアコースティックな音と環境との呼応＝環境の響きと環境の音の協働から、場所ごとのサウンドスケープの違い、特に橋の下の空間が持つサウンドスケープの多様さを体感するセクションと、それらの違

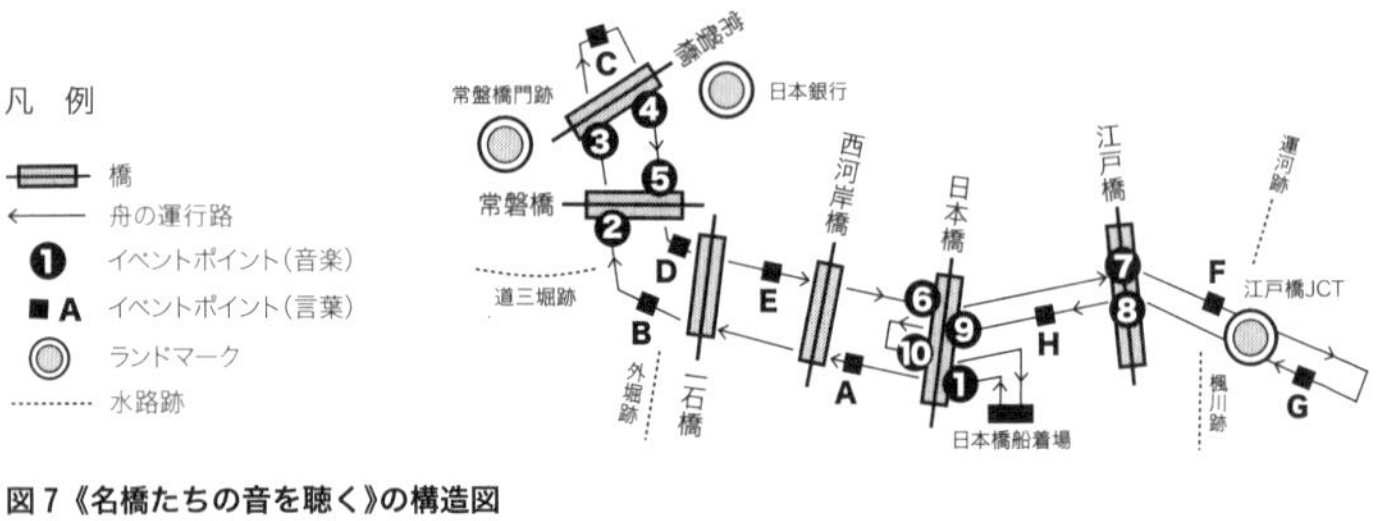

図7《名橋たちの音を聴く》の構造図

いがどうして生じるのかを紐解くセクションからなる(図7)。二〇一一年の日本橋架橋一〇〇周年を記念しようと、その前年からはじめたものだが、結果として二〇一〇年から二〇一八年にわたって二四のプログラムをつくり、日本橋

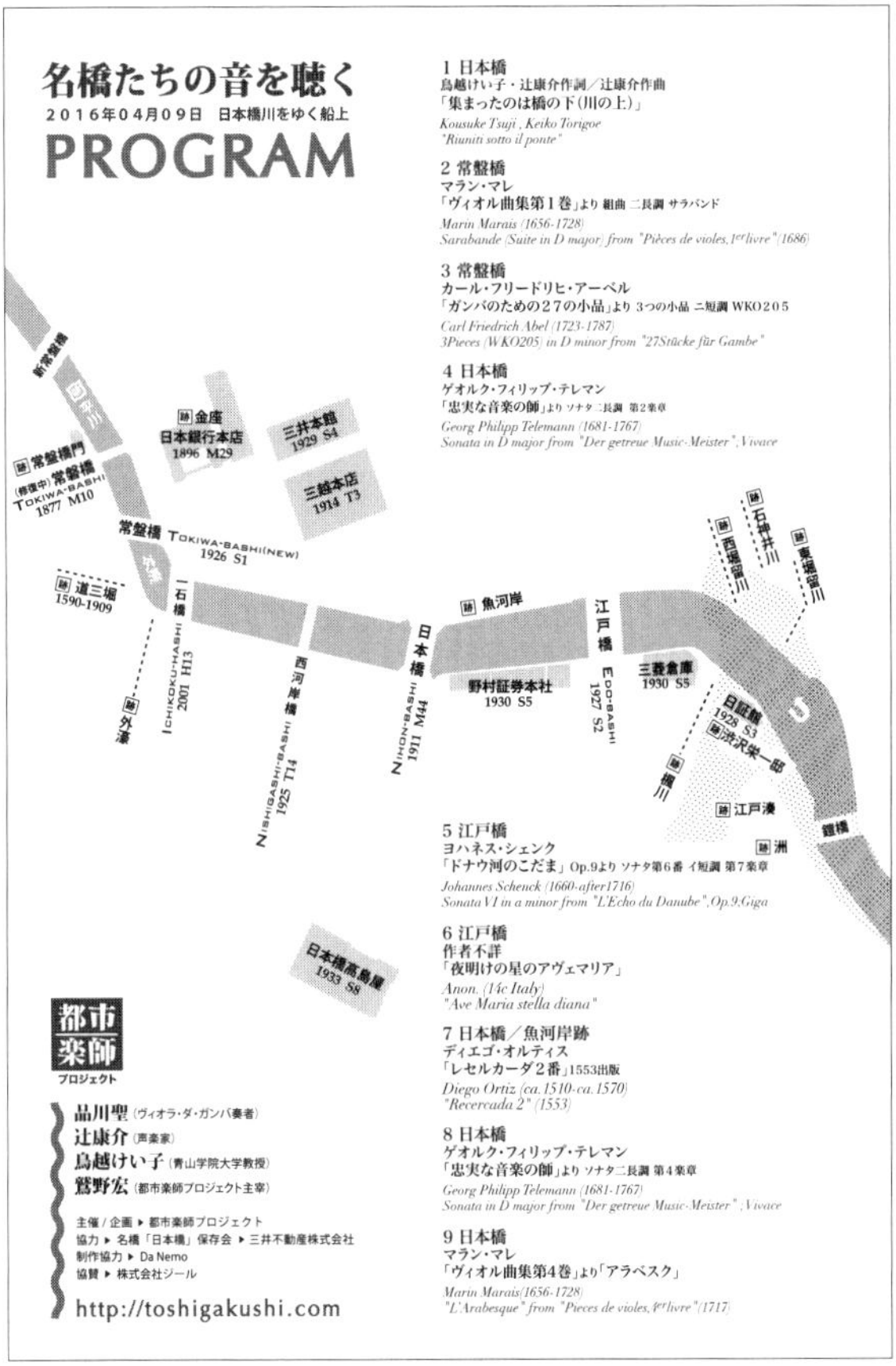

《名橋たちの音を聴く》日本橋篇のプログラム例

＊16　R・マリー・シェーファー、鳥越けい子・小川博司・庄野泰子・田中直子・若尾裕訳『世界の調律——サウンドスケープとはなにか』(平凡社、一九八六年)二二頁。

＊17　**オープンエアの舟**　天井が無く、囲いも最小限にとどめられた舟。甲板には周囲の環境音がダイレクトに届く。

＊18　**偶然性**　計画的ではないこと。予期しないことが起こる要素。一九五〇年代から六〇年代にかけて偶然性を取り入れた「偶然性の音楽」が流行した。作曲家ジョン・ケージによってはじめられた。偶然性を取り入れたものであっても、ルートやタイミングを決めての環境の聴取においては、作者の意図や計画がある。そのためあくまで「仕組まれた偶然性」ということになるだろう。

＊19　**アコースティック**　ここでは、楽器本来の響きをそのまま聴取し、電気機器を用いた音の拡大・調整を行わないものを指す。

川と神田川において累計七三回実施することになった。

アコースティックな音楽を通じて橋をはじめとする空間の響きを確かめることをきっかけに、自然に都市のサウンドスケープへと耳を開き、現実の都市の躍動感を感じること、日常の都市の中にあってあまり体験しない舟からの視点によって都市を立体的に感じ、都市の表側と裏側を意識しながら水辺に対する時代ごとの接し方の違いを感じること、実際に身を置いている場所の過去から現在までの来歴を知り、確かな歴史の積層を実感すること、つまり、できるだけ目の前に立ち現れる現実の都市をありのまま観察することが舟旅の目的だった。

擬似体験／読み解き価値観の変遷を実感する

高架高速道路に覆われた薄暗い川面をゆっくりと舟が進む。頭上からは車の走行音と、走行に起因する高架の低い振動音が途切れることなく空間を覆い尽くし、自動車が道路の結節点を跨ぐときのガタンという音が一定のリズムをもって続いていく。しかも、建物は川の護岸ギリギリにびっしりと建てられ、それらの音は逃げずにこもる。都市の中心部にあって、まちとの交流がない遮断された環境。ある時期から忘れ去られた空間であって、誰も気にもとめていな

かったのかもしれないが、ともすると都市騒音として忌み嫌われるような環境が日本橋川にはある。だが、この川には、この川が首都の誇りとして都市の重要な環境としてあった時代を思い出させるに充分な名橋たちが、二〇二三年現在も数多く架かっている。壮麗なルネサンス様式の二連アーチの石橋に、麒麟や獅子などのアジア由来の意匠が施された日本橋に近づくと、頭上をゆく道路の車線数が高速の出入り口に向かう道路分減り、立派な橋にはつきものの橋詰の広場がある分、高架高速道路由来の轟音は空とまちに拡散し幾分弱まるが、代わりに都市の賑やかさが加わり、空とまちの気配がわずかに感じられるようになる。高架高速道路と建築の壁の隙間からここが首都の中枢エリアであることを意識するのに充分な景観を覗き、高架高速道路を支える巨大な柱と繊細な意匠が施された日本橋のミスマッチを愛でながら、声楽家たちが歌い始める。空とまちに開けた空間に声は拡散し、響きはほとんど感じられない。極めてゆっくり橋の側面に近づいてゆくと、徐々に歌がアーチの空間に響き始めることを感じる。そして橋をくぐった瞬間、響きは明らかに変化する。橋の中ほどに近づくにつれ、今度は徐々に石に打ちつける波音が音を増していって、都会の喧騒は心地よくマスキングされ、波音と歌の響きに包まれてゆく。この空間では、声楽の宗教曲は幻想的に、大衆曲は楽しげに、リコーダーの高音や超絶技巧は澄み切って聴こえる。音の粒が混じり合いすぎず、色々な音楽を受け入れ

名橋たちの音を聴く　日本橋篇

日本橋川を漂う舟に音楽家と共に乗り、音から「まち」を味わう非日常の「船上の音遊び」。《名橋たちの音を聴く》日本橋篇では、声楽、ルネサンスリコーダー、チェンバロ、能楽、手持ちパイプオルガン、バグパイプ、セルパン、打楽器といった多様な音による環境の響きの実験を行った。冒頭に記した宣伝文句からイメージされる優雅さとは異なり、高架高速道路からの雑踏が常に降りそそぐ、演奏を行うには過酷な日本橋川の音の環境に挑戦し、乗船者たちの都市環境を愛でるきっかけをつくってくれた。上の図は日本橋近くでの音響実験の様子（左及び139頁左写真撮影：岡田晴夫）。

ることのできる独特の音の世界を創り出す。ただ、高架高速のみならず日本橋を通る中央通りの交通量も多く、高架高速と両岸の建物で反響し、橋の下の空間に響く波音も加わるために、橋の響きの個性を引き出すにはある程度の音量は不可欠のようだ。日本橋は石造りであり、橋の幅が広く、アーチの天井と川面との距離は近い。これらが複合して、橋の外部の環境の音の影響を和らげる効果とともに音源からの音を比較的忠実に響かせる効果があるのだろう。

日本橋を読み解く

日本橋は明治四四年の竣工で、幅は二七メートル、長さは四九メートルのルネサンス様式の二連アーチの石橋である。日本にとっては近代化＝西洋化であったから、明治以降の大規模な建造物はヨーロッパの意匠をできるだけ忠実に再現することが求められた。五街道の起点として江戸以来の重要な場所であり、明治になってもその地位を保っていた日本橋も木造ではなく、壮麗な石橋で架け替えられることになる。しかし、両岸の標高は四メートル程度と低く、交通の要所として橋の上には路面電車を通す必要があったため、車道・歩道・軌道の三種分を確保するために橋の幅も広くなり、橋の路面も両岸の標高に合わせ低く抑えなければならなかった。日本橋特有の硬い石造りの低いアーチと幅の広い空間に起因する響きの要因のひとつはこうして生まれた。

日本橋と魚河岸の賑わい　広重の浮世絵には日本橋川に浮かぶ多数の運搬舟や魚河岸の市場の賑わい(構図の手前)が描かれている。出典：広重『五十三次名所図会』(国立国会図書館デジタルコレクション所蔵、一部抜粋)

図8　日本橋の和洋折衷の意匠　意匠を監督した建築家・妻木頼黄はルネサンスを基調にしつつ和の要素を盛り込んだ。

明治も終わり頃になると、日本的なるものへの欲求もまた抑えられなくなっていた時期に当たる。橋の側面、親柱や欄干に施された麒麟、獅子、街道を象徴する松や榎《えのき》のデザインは、その価値観の表れと言えるだろう(図8)。徳川慶喜の書による銘板が掲げられているのも、江戸時代が終焉したばかりの明治の初めではあり得なかった。これらの意匠の幾つかは、明らかに橋を渡る人だけでなく水辺や運河をゆく船から見られることを意識してデザインされている。大切にされてきたはずの日本橋も、高度経済成長期に大きな転機を迎える。

一九六四年の東京オリンピックを控え、限界を超え慢性的な交通渋滞を引き起こしていた東京の都市交通網の改善策として、目をつけられたのが江戸時代の物流路である運河の流れだった。日本橋川の全長は五キロメートルだが、その流路のうち約九割を高架高速道路が屋根のように覆っている(図9)。竣工以来、この川には自動車の走行音と走行に起因する高架橋の振動音が降り注ぐことになった。その音は、川幅や道路幅、水辺の建築物の有無などの状況によりまちまちであるが、日本橋川の音環境の基礎をなしている。日本橋が架けられた明治の近代化が景観を重視したのに対し、首都高が架けられた高度経済成長期の経済合理優先の姿勢との対比。価値観の大きな違い。日本橋の橋の下で聴く都市のサウンドスケープは時代の価値観がいかに変遷するかを物語る。

日本橋川及び神田川の仙台堀より下流の流路は、天正一八(一五九〇)年の徳

図9 日本橋川を覆う首都高 堀割・運河としてつくられた日本橋川は、高度経済成長の都市改造で高架高速道路に覆われた。左図は、撤去が決まる前のもの。

川家康の江戸入城以来、平川（現在の神田川）の流れを政治的中心部からできるだけ遠ざけようとする治水のための河川の付け替え[*20]として、江戸城の軍事的防備のための外濠として、物流のための運河として徐々に整備されてきた。渓谷に囲まれたエリアを除き、流路の両岸にはびっしりと専門特化した数々の河岸が設けられ、日本橋魚河岸に代表されるように、河岸はそのまま市場として機能するところも多くあったため、江戸時代から大正期あたりまでは両河川と地域との関係は密であった（図10）。舟が行き交う音や市場特有の声掛けなどが混じりあい、水辺は特有の賑やかさに満ちていたことだろう。明治に入り、物流の方法は水運から鉄道や道路へと徐々に移動していったが、鉄道網や道路網が運河に沿ってつくられたことは、江戸の都市計画の確かさを示すものともいえよう。しかし、高度経済成長期の生活排水の流入による水質悪化、河川に背を向けた建築物や高架高速道路の建設なども伴い、両河川と地域との関係は急速に薄くなっていった。関係性が薄くなったとはいえ、そこには時代の考えを示す様々な構造物が複雑に配置され、それらが織りなすサウンドスケープは、土地の来歴を知る上で貴重なものである。

江戸橋・和泉橋・常磐橋

「江戸橋」は高速道路の結節点である「江戸橋ジャンクション」が下流側に、

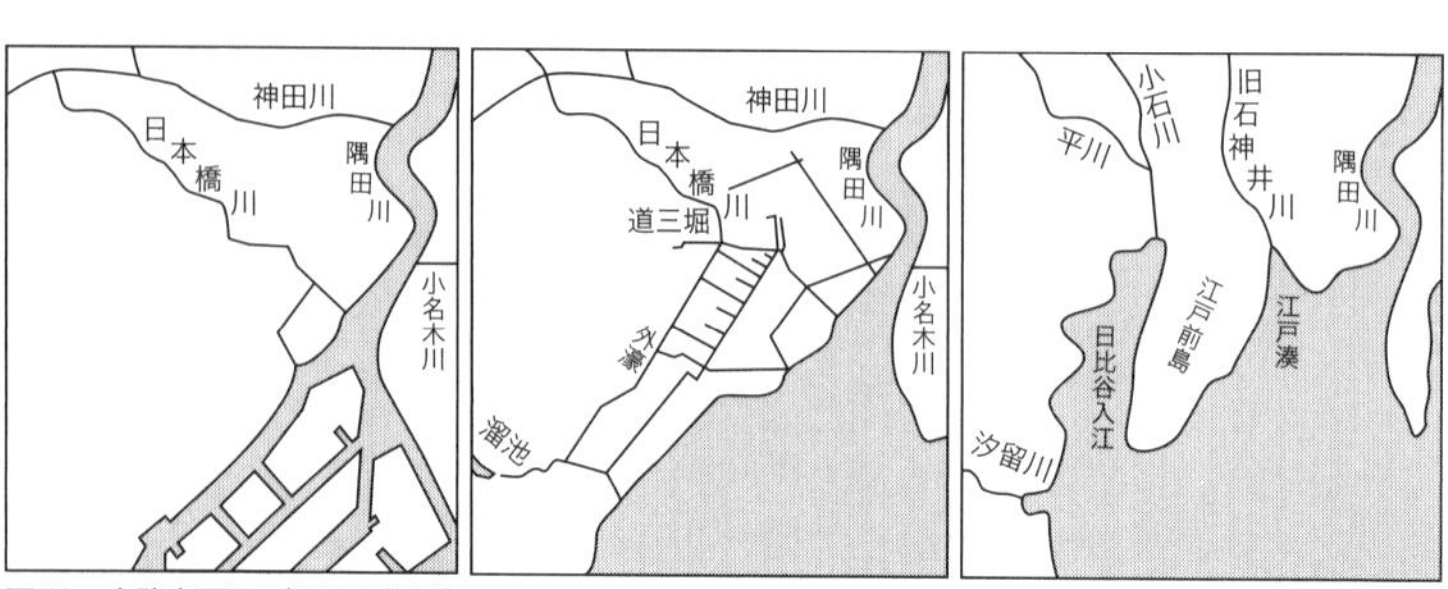

図10　水路変遷図（1990年頃）　（1636年頃）　（1590年頃）

高速道路の出入り口が上流側に近接していたために、日本橋川でも特に「騒音」が激しいところなのだが、なぜか低音域を含む異なるいくつかの声を同時に発する時、あるいは謡《うたい》の声などは特に見事に聴かせてくれる。というのも、この橋での「騒音」はドローン(バグパイプなどで用いられる音高変化のない持続的な音)のように作用し、歌や謡と融合しながらその旋律や唸りをより際立たせ、宗教的な畏敬の念を感じさせることがあるからだ。このように、江戸橋での環境を聴く体験は、日本橋でのそれとは大きく異なる。橋の響きを確かめるために発せられた音は、日本橋では、多声の音楽であればそれぞれの声部ごとの輪郭は維持され、響きながらも音源と反響の関係は区別でき、言葉もはっきりと聴こえるのに対し、江戸橋では、様々な部材が組み合わさってアーチをつくりだしているため、音はアーチの内側にも入り込み、複雑な反射を生み出し深く混ざり合いながら、様々な方向から響いてきて、音源と反響の関係も言葉の輪郭も曖昧になる。江戸橋自体の激しい振動音とその周辺の高架高速道路をゆく自動車由来の環境音も持続的に加わり、橋自体が歌っているような感覚とでも表現したいような音の世界がそこに創造される。これは宗教的体験というものがあるならばこのようなものをいうのではと思うほど非日常的かつ感動的な音の体験で、洞窟での響きに特別の意味を見出したり、響きのある教会堂が多くつくられたりしたことを思えば、ここに宗教的幻影を感じてもおかしくはない

江戸の都市計画により運河が張り巡らされた水都計画により運河が張り巡らされた水都土処理と高度経済成長期に道路へと変わっていった。右の水路変遷図は、鈴木理生『江戸の川・東京の川』井上書院、一九八九年より作成。

＊20　河川の付け替え　川の流れを変えること。江戸の都市計画は平川の流れを変えることからはじまった。

だろう。

　この橋は、橋幅が四四メートル橋長六三メートルの二連鋼製アーチ橋で、橋の幅がひとつのアーチの長さや水面からの距離と比べ極めて幅が広い。橋の中央部まで進むと良く響くことに加え、自動車の走行によって橋自体が振動していることなど様々な要素が複雑に絡み合ったゆえの橋の個性である。この橋は関東大震災後に新設された昭和通りが通る橋で、延焼を防ぐための道路幅が広くとられた。橋のつくる響きは土地の個性の表出でありすなわち極めてヴァナキュラーなものだ。一般に「騒音」と呼ばれる音が支配する環境においても、橋の響きはそれらをも取り込み偶然の音楽をつくりあげてしまう(図11)。

　神田川に架かる「和泉橋」も昭和通り開通のために橋幅の拡張がなされた橋で、結果として形状も素材も類似した一連アーチ橋となった。この橋も江戸橋に似て多声や謡をよく響かせるが、音楽を聴いた時の印象は随分と異なる。江戸橋では小さな音や低音、また持続しない音は聴こえにくいが、和泉橋では、琵琶やヴィオラ・ダ・ガンバの弦を微かに擦るような繊細な表現も、トランペットや篳篥《ひちりき》のような音圧のある音も、豊かな残響のなかでも確かな輪郭をもって聴こえてくる。つまり、江戸橋に比べ橋自体の振動音や自動車由来の環境音の回り込みなどの「騒音」が少ない分、江戸橋のように選り好みなく、繊細な音も含む様々な音を引き立てる響きは橋のかたち・規模・素材に依存するが、

図11　江戸橋での音の聴取

橋の置かれた環境によって、その聴こえ方は随分と変わる(図12)。

日本橋川で一番古く明治一〇年にできた「常磐橋」は一転、江戸橋付近と比べれば、あまり高架高速道路の影響を受けない橋で、流路の中で最も静かな空間のひとつといえる。日本橋川にあって、高架高速道路が架けられる前のサウンドスケープをどうにか想像できる数少ない箇所といえる。竣工当時は馬車なども通ることのできる橋だったが、現在は歩行者専用であるため橋自体からの音もない。江戸城常盤橋御門跡の公園がある場所に架かる二連アーチの石橋で、橋幅一一メートルとあまり広くないから、日本橋と比べると響きは少ないが、凹凸のある石を組み合わせた石橋に共通したものであろうか? キンキンとしない複雑で落ち着いた響きを感じる。環境の騒音レベルは低く、小さな音でもよく聴こえ、高音をよく響かせてくれる(図13)。

仙台堀を概観する

神田川仙台堀の流路では、鉄道がつくる音が常にどこからか響いてくる。外濠をゆく小舟のまわりを鉄道の気配が通り過ぎる。その気配はひとつではなく、頭の真上を手の届きそうな近さで、しかも何の前触れもなく通り過ぎる轟音として現《あらわ》れたり、音が遠くから徐々に近づいてきてはっきりとした輪郭を帯びては再び時間をかけて過ぎ去っていくものもある。方角も距離も大きさもま

図12 和泉橋での音の聴取

図13 常磐橋での音の聴取

(図12・13写真撮影:山口敦)

ちまちに迫ってくるその気配は、このまちの特徴的な「音の風景」だと思う。秋葉原駅近くの流路の南側に沿って中央線が、総武線が頭上で流路と交差し、かつ総武線も流路に沿って走ってくるので、鉄道からの音の多くは直接耳に届いてくる(図14)。

JR東北本線神田川橋梁では東北本線のほかに、京浜東北線・山手線などの在来線、隣接する新幹線用の橋梁では、東北・北陸・上越などの新幹線から走行音が伝わってくる。背が高く幅の広いコンクリート製アーチ橋で、響きのある弦楽器や音圧のある打楽器・トランペットなどの音源に対しては深い響きを堪能することができる。ただし、橋をゆく鉄道とともに、隣接する新幹線の運行本数は多く、その響きを純粋に堪能できる時間は少ない。音の響きが、いかに環境とともにあるのかを強制的に体感させられる場所でもある(図15)。

この流路では、橋のある箇所以外、建物が道路との間に密に建ち、遮音物となっているため、緊急車両以外の存在感は極めて薄い。日本橋川では、高架高速道路をゆく自動車由来の音が基調であったのに対し、神田川仙台堀の流路では、鉄道由来の音が基調となっている。自動車はひっきりなしに走行してくるが、鉄道は一定のリズムで走行してくるので、日本橋川が一定の音環境を維持し音のコントラストが弱いのに対し、神田川仙台堀は、鉄道の存在の有無によりり環境の音のコントラストが強い。つまり静かな時間がある。一方、ひとたび

鉄道が近くを通ると、その音響的存在感は非常に大きく、聴こえてくる方向や変化のスピードもまちまちとなる。日本の鉄道網は、このエリアにおいては、西から東に向けて鉄道が敷設され、現在も稼働している御茶ノ水駅以外にも、昌平橋駅と万世橋駅が存在した。万世橋駅は東京駅と同様、辰野金吾の設計で、豪華な駅舎と駅前広場があり、駅前は路面電車の集中する場所で、現在では想像できないが賑やかな東京の玄関口だった。駅に隣接している万世橋は、日本橋と同じ道を支えている。昭和五年の竣工ながら立派な歴史様式のコンクリート製扁平アーチ橋で、日本橋によく似た響きがある。この地の鉄道がつくるサウンドスケープは、日本鉄道史と紐付けることができる。地図上の鉄道を音源とするサウンドスケープの相互関係の複雑さは、交通の要所だけに存在する稀有な環境ということだけでなく、江戸時代の運河が関係していることも併せて思考すると、このエリアの鉄道によるサウンドスケープは、地域の歴史を現している。

丸ノ内線神田川橋梁付近

神田川に架かる昌平橋と聖橋の間は、四方八方から鉄道の音が迫ってくる。昌平橋は、車道のある橋の両側に歩行者用の橋が配置された珍しい橋である。全てコンクリート製のアーチ橋で、真ん中のものは幅も広いので、日本橋に似

図14　神田川仙台堀と鉄道の密な関係

図15　東北本線神田川橋梁での聴取

名橋たちの音を聴く　神田川篇

《名橋たちの音を聴く》神田川篇は、鉄道がつくる音がその音環境の中心にある。一方で、鉄道が近くを走行していないときには、比較的静かな環境があったから、日本橋篇よりも音の小さな楽器や大きな楽器というようにヴァリエーションを増やして、声楽、チェロ、ヴィオラ・ダ・ガンバ、コルネット、リュート、一八弦ギター、篳篥、薩摩琵琶、バグパイプ、打楽器、トランペットといった楽器で環境の響きの実験を行った。上の画像は万世橋の下でのチェロによる音響実験の様子。弦楽器の繊細な技巧も美しく響かせる実力がこの橋にはある。

た響きがある。ただ、アーチ面はのっぺりしているためか、凹凸のある日本橋や常磐橋と比べると単純な響きのように感じる。三つの橋がつくる隙間から総武線の高架橋からのダイレクトな鉄道走行音が上方から届く。声も弦もよく響

《名橋たちの音を聴く》神田川篇のプログラム例

図16　鉄道の気配　昌平橋（148頁）では、三つの橋が並ぶ独特の形状から、橋の響きとともに、橋の隙間から望む総武線陸橋（左）や神田川を渡る総武線神田川橋梁（右）から降り注ぐ強烈な鉄道の存在感を味わうことができる。

くが、突如として現れる鉄道由来の金属の振動音の前では、その響きも太刀打ちできない。響きの深さとそれを打ち破る突然の鉄道の音。昌平橋には日本橋では無い音のコントラストがある(図16)。

地下鉄丸ノ内線が一瞬外に現れる箇所では、丸ノ内線神田川橋梁は、隙間の多い構造の桁橋なので響きはほぼ無いこともあり、基本的には、橋の直下で鉄道通過音を体験するための時間としてきた。昼間は三分程度の頻度で上り下りの丸ノ内線が頭上を通過し、間近に大きな振動音を体験することができる。丸ノ内線は神田川と交わる箇所以外はトンネルの中を走っているため、近づいてくるときは、先にトンネルからの高音が微かに聴こえてきて、突如として橋を振動させながら爆音を発生させた後すっと消えていく。神田川の流路の中でも鉄道に極限的に密接するかなり特異な環境といえる。また、近くにＪＲ御茶ノ水駅のホームがあるため、ホームのアナウンス音とともに発着する総武線と中央線がスピードを上げたり、落としたりすることによる多様な速度の走行音を感じることができる(図17)。

お茶の水橋付近

神田川お茶の水橋付近の川面は、本郷台地がつくる深い渓谷の底にあり、北側の陸上からの音は微かに聴こえてくるに過ぎない。一方、流路の南側の鉄道

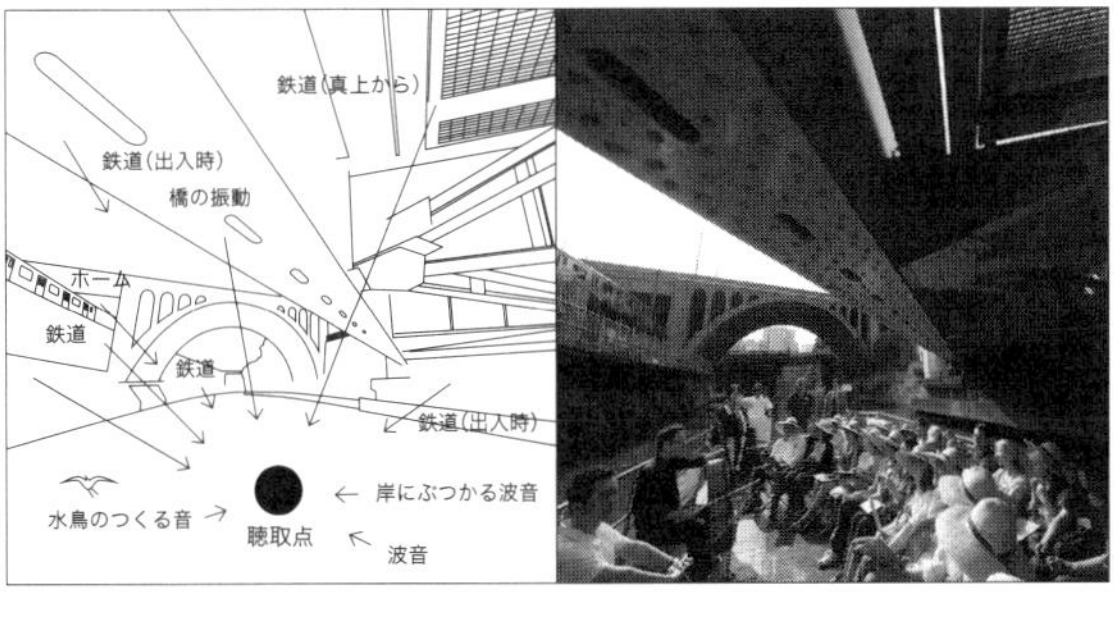

図17 丸ノ内線橋梁付近の音環境 地下鉄の走行音を間近に聴く体験。左の絵は、右の状態のとき、甲板上で乗船者が聴いたサウンドスケープを、どの方角から聴こえてきたのかやその音の大きさに注目して図示したもの(写真撮影：山口敦)。

がつくる音は、かなりの遠方からも徐々に聴こえてくる。渓谷の護岸に反射した音もあり、距離に比べて鉄道の音が大きい印象がある。お茶の水橋は、台地の高さに路面があり、水面との距離は遠く、ほとんど響きはないが、車の走行による橋の振動音や船上からの能動的な音の作用に対しては微弱な反響が感じられる。篳篥や打楽器などの音圧のあるものに対しては、微かな響きを返してくる。水面から橋のアーチ天井まで背があり音源からの反響は微弱なのは、聖橋も同じだが、アーチ橋だからか、発音する角度により、篳篥や打楽器の音圧のあるものでなくとも、例えば声であっても微かな響きを返してくる。背が高い橋も、音源と響きの関係の面白さを感じさせるものがある（図18）。

気づきの装置

橋の下の空間において、音楽をきっかけとして創りだされる響きの個性は、橋ごとの環境の個性を如実に現《あらわ》している。橋自体を単体で捉えたときの響きの個性は、橋の形状や素材により大きく異なるが、実際の響きの印象は、その橋のある場所を取り巻く環境に大きく左右される。それゆえ、橋の響きは、都市環境の個性＝その場らしさを気づかせてくれるといえるだろう。東京という都市は新陳代謝の激しい都市でありながら、過去がしぶとく残る都市でもあるから、東京のそれぞれの音環境のその場らしさは、過去から現在までの歴史の積

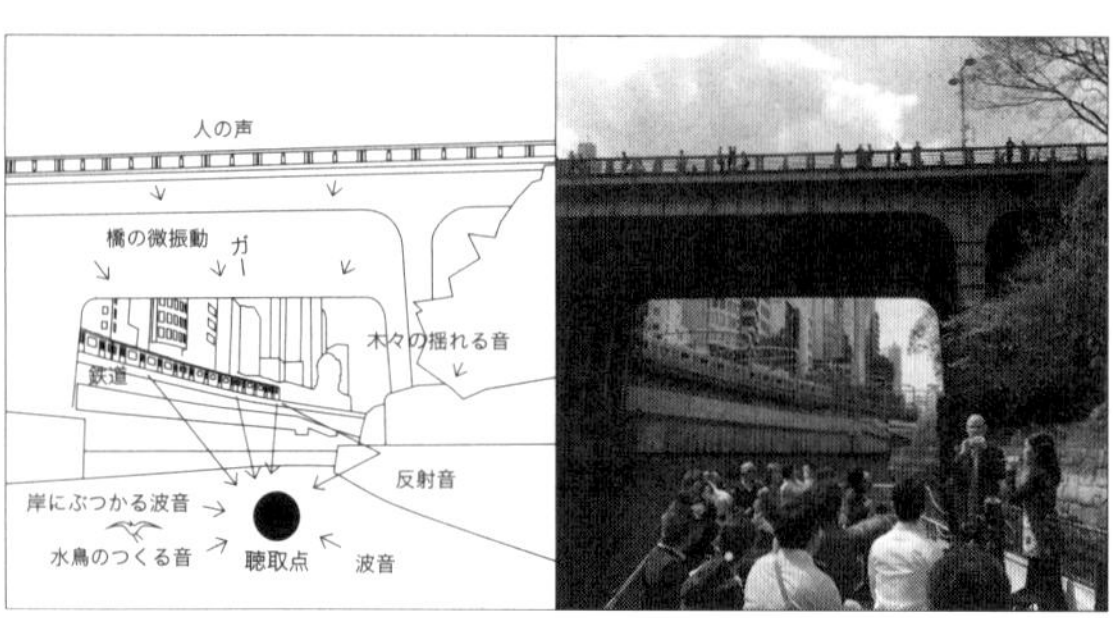

図18　お茶の水橋付近の音環境　水面から距離のある背の高い橋での音響体験。橋の手前でも、渓谷をゆく舟の甲板上では、斜面に音が反射して聴こえた。鉄道の走行音も谷に反射し、長い時間鳴り響く。

み重ねがもたらすものであるはずだ。例えば、日本橋のかたちは、その橋のつくられた時代の価値観やその場所の当時の意味を現し、日本橋の上に無骨に架けられた高架高速道路もまた、その構造物のつくられた時代の価値観やその場所の当時の意味を現す。複雑な要素がつくりだす音が絡まりあって、都市の音環境の個性はかたちづくられてゆく。これらの都市の躍動音は、日常の中では特に意識にのぼることは少ない。しかし、これらの環境音には、都市に積層された価値観の変遷をリアルに実感させる力がある。これらはあたりまえのことではあるが、そのような日常に耳を傾けるためには、しばしば、非日常の体験という補助線が必要となる。

橋の下の響きを音楽により実感する。想像を超える美しさに耳を疑うほどの場面もあれば、余りに激しい交通騒音で声や楽器の音はほとんど聴こえず無声映画を見ているような場面もあれば、環境に音が拡散しつつも、微かな響きを確かめるような場面もある。実に多様な聴こえ方の変化。橋の響きを聴くことからはじまる都市への思考。都市の躍動音の中での音楽聴取は、それなりの集中力を必要とする。音楽を聴こうとする意思が、環境の音を聴く耳を用意する。都市のサウンドスケープに開かれた耳は、都市環境そのものを愛でる行為につながってゆく。

日常の都市環境で非日常の体験をすることは、都市をよりセンシティブに体感する感性を刺激する。日常の都市空間で行われるお祭りやアートの挿入は、慣性で動いてゆく都市環境を見つめ直すことに繋がり、ひいては、都市環境の個性・界隈性への気づきと、その場らしさを愛でることに繋がるはずだ。

日常の中での非日常は、都市を聴く行為を自然に誘発する「気づきの装置」となる。

三　公共文化としてのサウンドスケープ

鐘の音は騒音か？

何世代にもわたる長い時間の中で、地域の音響的特徴として享受されてきた「時の鐘」や「除夜の鐘」は、キリスト教社会における教会の鐘の音のように、聴覚的な現象から、地域の人々の身体的な全身感覚と文化的聴取態度を通じて地域の「その場らしさ」を醸し出す、重要な要素＝地域の文化的資源であったはずだ。しかし、価値観の多様化や文化的状況の変化の中で、歴史を伴った地域に享受されてきた音であっても、住環境を脅かす騒音として批判する人々が現れてくると鐘の音をとりまく環境は一変する。苦情への過剰反応が起こりやすい現代社会の特徴の中で共同体意識を醸成していたはずの、広範囲に響く鐘の音を体感することのできる環境は、その意味を問われることなくあっけなく失われることがある。一方、商業エリアにおける商店街や遊興施設からのスピーカーを用いた、半ば強制的な大きな音楽・音声の押し売りには、これもまた現代的な社会状況の中で無関心な態度を取る傾向もみられたりする。何故そのような状況が生じるのか?

自分たちをとりまく〈環境に影響を与える音〉への批判と無関心。エリアによりダブルスタンダードを選択しているようにもみえるが、商業エリアでの〈環境へ発せられる音〉には無関心で、居住エリアでの他者からの(あるいは他者への)音に敏感になるのはなぜだろうか? そこには、無意識的な社会共通基盤としての現状の「常識」とそれに基づく行動を規定する現状の「文化」が存在するのではないかと思われる。つまり、個々人の権利意識とそこに依拠する「音の個人主義」である。

音の個人主義

戦後の高度経済成長の中で、録音・再生技術の革新や核家族化とプライバシーを重視した住宅の間取りの変化など、身体を囲む音をめぐる環境とその受容のされ方に大きな影響を与えたと思われる様々な変化があった。例えば、SONYによる「ウォークマン」の開発は、音楽を聴くという行為と場所との関係を自由にしただけではなく、他者に気づかれずに自分の選曲した音楽とともにまちなかを歩くという新しい体験を定着させた。[*21] この生活様式は、社会的なまちという環境を移動する最中も、その耳に届く音を個人によって選択可能なものとすることで、まちの音への無関心を助長した、あるいはまちから音を奪ったといったら言い過ぎだろうか？ こうして、まちの個性として享受されてきたまちの音環境も、個人の選択した曲とともに記憶され、まちの聴覚的環境は、公共的に共有されるものから、その個人に限定されたいわば私小説の一部となる。

一方、自分だけに聴こえ周囲を巻き込まないという点、外部からの音を遮断し、他者は自分に届く音を汚してはならないといった点において、個々人が自分の耳に聴こえる音を制御し、環境（＝リアルに身の回りを囲う他者）の音に耳を閉じることを安易にした。かつての日本家屋は柱と梁の間の開口部を外部に開き、室内環境と屋外環境とを一体化することができたが、近年の高気密・高断熱・防音化の流れの中で、外と内は互いに遮断される傾向が高まり、住人が専有する家の中の環境は住人の意思によって制御しやすいものとなった。これらが加速したのは、リアルな環境音への無関心、かたや他者がつくる音への過敏症的な拒否意識。つまり、個々人の権利意識とそこに依拠する「音の個人主義」である。

*21 ウォークマン、iPod、iPhoneと続く音楽の携帯文化は、私小説的世界の充実を促した面もあるが、世界には豊かに音が満ち溢れているということへの気づきの機会を減じる。二つの世界の両立ができれば、世界はより豊かに立ち現れるようになるのではないか？

個々の住環境の保持を行おうとする権利意識が、自分の自由にならない鐘の音を騒音問題として捉えながらも、まちなかの遊興施設から発せられる強制的な音楽には、自分の自由にはならない相手の権利意識への配慮から批判を封印あるいは無関心化するという傾向。ここには個人的なるものへの関心（あるいは個人の権利意識）の強さと、公共への参加意識（あるいは他者との対話）の軽薄さがある。

公共文化としての音の風景

騒音とされやすい工場が出す音ですら、昔からの地場産業の音であれば、地域を象徴する音として大切に聴かれることもあるし、他のエリアの人々からも地域を特徴づけるものとして捉えられ、観光資源となることもある。つまり、環境に響く音は、何らかの文化的な共通理解やものがたりに基づくプラスの受容があるときには、地域らしさを生み出す有益な要素となり得るが、そうで無いときには無関心あるいは騒音として受け止められてしまうということになる。地域における音の風景の価値は、あくまで人々に共通する公共的な文化的態度のもとに立ち現れるものである。

本来、そのような文化的態度は長い時間を経て自然に地域に醸成されてくるものであろうが、音の個人主義化の急速な波及の中で、地域を特徴づけてきたはずの〈鐘の音や地場産業の発する音などの〉人為的営為に基づく音の風景ですら、単なる騒音と受け止められ批判の対象となりかねない。だからこそ、〈既に忘れられた〉あるいは〈忘れられようとしている〉音の地域文化資源は、まず多くの「住人たち」に意識的に聴かれ、価値ある公共の文化として再発見されなくてはならない。

その土地のその場らしさをつくっているものは、自然的要素とともにその土地にさまざまなかたちで関係する人々による、絶え間ない「地域そのものとの対話」や「地域についての議論」の結果として、長い時間をかけて自然に醸成され立ち現れているはずである。例えば、お祭りは「この地域に昔からある大切なもの」といった意味の共有があるときは、夜通しお囃子の音が鳴ろうが人々の歓声が響こうが受け入れられるが、ひとたび、意味の共有が途切れたならば、それは一転、騒音として問題視する向きも出てくるだろう。このように「意味の共有」は意識的であれ無意識的であれ継続的な対話のプロセスを要し、固定しているかのようにみえる文化的態度は常に移ろいゆくものなのだ。音の風景の受け止め方もまた固定されたものではなく、地域や時代により徐々に変化する。ただ、それらが急速に無関心化され、あるいは批判・喪失される存在になってしまったことには警笛を鳴らさなくてはならない。

実際に環境の中に身を置く時に感じるその場らしさとは、視覚的なものはもちろん聴覚や手触りやかおりといった多様な感覚の集合であり、いずれも個性あるまちづくりにとっては本来意識的に発掘と共有に取り組まなければならない要素だろう。とりわけ公共的な意味での環境への関心が薄れている場合においては、環境そのものの意味やものがたりの発掘、あるいはそれらへの「気づき」に重点が置かれる必要がある。そこに環境を使って遊ぶアートプロジェクトの出番がある。気づきがあれば、意味の共有が可能かどうかの対話が生じ、地域における公共文化の醸成につながるはずだ。音の風景を考えることは、公共文化を醸成することにつながってゆく。

——鼎談　感性の回路をつなぐ

鳥越けい子
星　憲一朗
鷲野　宏

鼎談　感性の回路をつなぐ

鳥越けい子×星憲一朗×鷲野　宏

鳥越　本書のキーワードであり、ここに取り上げたプロジェクトに共通する要素のひとつに、〈聴くこと〉があります。「聴く」といえば「音楽」を思い浮べるかたも多いでしょう。これまで述べてきたように、人間にとってその活動の根本や周辺には、音を通じて周囲の環境を愛でるさまざまな活動があるのに、近代西洋化以降、その言葉の意味が限定されとても狭くなってしまった。例えば「音楽的能力」というと、どんなメロディや作品を書くか、楽器をいかに演奏するか、といったことに限定されがちなのは残念です。

鷲野　環境を聴く、といえば、鳥越さんがフィールドとしている渋谷の円山町がわかりやすいですね。ここにはかつて花街があった。外の道にまで店内の三味線の音が聞こえてくるのが料亭街です。着物姿の人たちが歩く下駄の音も聞こえてきて、店先の音と相まって風情が出てくる。地形と街の構成と音環境というのが、トータルで空間性を作ってるはずなんですよね。残念ながら、円山町でもそんな環境を体感できる場所は少なかった。しかし、環境を聴くことの豊かさを

＊1　芸者たちは下駄を履いてまちを歩いたから、まちなかの階段の蹴上げが低く抑えられた。今もそんな階段が円山町には残る。

想像できる場所ではあった。

僕は建築を勉強してきたのですが、音を含めない無機質な環境に対しては、これがなぜ環境デザインにあたるのかなという疑問をずっと持っていました。

星　僕は中世史、とくに王権論を勉強していました。近世や現代と違って、もういまは表面上から消えてしまっているからこそ、中世に興味があったんだなと最近気がつきました。

社会の表面には見えなくなってしまっているけれども、それでも世の中や時代を突き動かしてる何か、みたいな力にすごく興味がありました。そういう力と音が、何か秘密の関係を持っているというか、何かすごく深いところで繫がってるんじゃないかなというのが、プロジェクトをやりだして気づいたことでもあります。

鳥越　例えば無文字社会では、部族の歴史などは歌にして伝えますよね。あるいは、琵琶法師が語る平家物語のように、文字に残せないものを語り伝える。そういう音の世界だからこそできることって歴史的にみてもいっぱいあって、私から見るとそういうのも全部含めて音楽に繫がる活動なのに、いまは商業的な、すごく狭いところだけが、音楽だと認識されているのはもったいないなと思います。

鷲野　空間がトータルなものだという感覚は、多分かつて普通の感覚としてあったと思うんですよ。

鳥越　音楽においてもそうですが、街とか建築とかにおいても、かつてはいろいろな要素がないまぜになって統合されている状態があったのに、それを部署的に、分断的に処理してしまっているいまの状況に対して、私たちはそれぞれプロジェクトを仕掛けているんじゃないでしょうか。

いろんなことを体感するという豊かさ、それを引き出すきっかけとして音楽的な活動が入っているというのがこの三人のプロジェクトということですね。

――トータルに世界をとらえるために、なぜ音なのか?

鳥越　音の力はすごい。目の前のモノに縛られずに空間を全方位的にトータルに知覚し察知することができる。プラス、過去や未来を想起させる力があります。

鷲野　僕は音が特段すごいとは思わないです(笑)。視覚が人の最大の感覚だと思いますが、目で見えていないものをさあ見てくださいと人に言うのは厳しいけれど、そこにある音を聴いてみてくださいというのはやってもらいやすいし、そこからほかの感覚にもつながりやすい。

鳥越　サウンドスケープというのはまさに音から感覚や意識を他の世界につなげていくということですよね。

星　最近は世の中が二次元化していっているという面があるのではないかとよく思います。例えば「純喫茶」の話がわかりやすいと思います。純喫茶といえば、素敵な写真が撮れるイメージもありますが、個人的には珈琲の香りだったりお店の人の感じだったり、その空間に身を置く幸福感みたいなものを味わいに行く場所という感覚が強いのです。人間の生活はすでにスマホのディスプレイが基準に二次元が世界の基準になっているというか、であればなおさら、空間と時間が存在しているということの意味を考える上で音の存在は重要だと思います。

また、音というのは聞く人によって際立って聴こえたり、聴こえなかったりしますよね。音はフォーカス次第でよく聴こえたりフェードアウトしたりということが起きるということです。

鷲野　見たいものしか見ないし、聴きたいものしか聴かない。これは人の一般的な傾向だと思うけれども、ここ四〇年くらいの間にどんどん強まっているように思う。自分の好きな音環境にまみれていくことができるという状況を技術がつくったのだと思います。自分が制御できる空間が生まれたわけです。それはそれで個々人にとっての豊かな状況を産んだとは思います。しかし世界は制御できない。自分の世界に閉じこもってしまっている人をときどきびっくりさせて、本来そこにあるものを認識してもらうことが、この傾向のただなかにあっては大切なのではないでしょうか。

鳥越　たとえば日本の芸道には、技芸を高めるだけでなく、人としての修養を積むようなところがあります。サウンドスケープにも音だけでなく、世界や思想、哲学であったり、そこにあるものとのいろいろな交流が含まれている。音だけの世界でなく、もっとトータルなものであるというのが、おそらく私たちの共通認識ですね。

鷲野　仕事がセグメントされ専門分化していく中で、ある意味において高度で効率のよい社会ができあがっていったというのは疑いようのないことですが、そういう社会では専門家にならないと活躍できない。専門性はトータリティーとは本来対立する概念ではないと思いますが、専門的な自分の常識に固執しすぎると、他分野との連携やバランスを欠いた、チグハグな「もの」や「こと」をつくりだしてしまうことがある。そうした社会に怖さを感じています。こうしたなかで、僕たちがやっているのは関心のない分野にも関心を広げていくということだと思います。

星　世の中が向かっている、そうした恐ろしい方向性を突破できるなにかが、空間だったり、音だったり、体でまるごと認識していくということが鍵になるのではないでしょうか。情報テクノロジーの進化・普及と密接に関係していると思うのですが、システムがどんどん強固になり、その外側では生きられない、出られないという意識の網の目が張り巡らされてきている。その網の目を逃れる方法として、空間に身を置くということが大事になってくるのだと思います。

鷲野　音というものをきっかけとして、その場らしさを体感するということを、個人個人が、個人の自由や立ち位置でしやすい、という意味では見た目も大切だと思う。そういう場所で体感することの意義を感じるためには、人はその場に行かないといけない。僕らのプロジェクトはただ、どう受けとめるかは、個人の自由。でも、その個人に対して、ある程度の感覚を要請している、ということですね。

――幽霊を見てしまうような体験

鷲野　どこか観光地に出かけて、様々なものを体験しても、家に帰ると感覚が閉じてしまうことも多いですが、そこで聴覚的な気づきを得られていると、そのあと日常の商店街を歩くだけでも身近な世界に気づきやすくなる。補助線をひくと何かの世界がその人にわっと広がる可能性が、ふだん環境の音に耳を閉じている分、大きいと思います。

鳥越　視覚に働きかけるより世界がひらけたときの落差が大きいですね。景観は見た目だけではなく、本当はもっとトータルなもの。ランドスケープにも音は含まれているのに、それが抜き去られて認識されていることへの警告として登場したのがサウンドスケープ概念でした。そこには文明論的な位置づけがあったわけですね。環境を生きものとしてとらえるのに一番適しているのが音の世界だと思います。

星　文明論ということでいえば、近代では西洋音楽世界が持っていた楽曲の正確な再現という志向から、正確な記譜や音の記録ができるようになり、より正確な再現性を追求するオーディオの世界につながっていきます。文化や音楽にはまた違った豊かさもあって、それを表現するにはどうしてもコンサートホールで演奏を聴くようなものとは違う手法を取らざるを得ないということもありますね。

鷲野　音楽を聴こうと思ってやってきた人が、まったく聴こうと思っていなかったものを聴いてしまう——幽霊を見てしまうような、そういう体験こそ、僕らがつくろうとしているものですよね。

——アンプラグドで都市を愛でる

鳥越　ふつうのコンサートと比べると三人の実践はかなり近いものに見えてしまうかもしれません。が、私たちのプロジェクトは、現場への訪れ方や網のかけ方が三者三様で見事に違う。

鷲野　僕の場合は基本的にはアンプラグ

ド[*2]で行っています。橋の下の響きを愛でるというのが大前提なので、なるべく音の小さい楽器も含むものとして、アコースティックでやってきました。最初は東京の運河をめぐる社会活動をしていたのですが、もっと違う方向からの体験はできないものか？　もっと体験後の生活にも残るような印象深い体験はできないものか？とも考えていたんですが、橋の下での音の響きに徐々に気づき始めた。しかも橋はいっぱいある。これはもっと面白く愛でることができるだろうなと思い始めました。

音源がどこから発せられたというのがはっきりわかるために奏者がいる。どう響くかをわかりやすくするためにスピーカーは使わない。都市の音を聴くために音量が大きすぎてもいけない。バグパイプとかの大きな音はどこでも聴こえる。リュートのような小さな音は聴こえないけれど、指の運びが見えると聴こえているような気になる。さらに耳を澄ましてがんばることで、それまで意識にのぼってきていなかった周りの音がぱっと入ってくる。そういう体験のために、音楽家たちと、環境を聴くための補助線としての音楽はどんなものが良いか考えていく。つまり、奏者の演奏のみで自律した音楽を成立させるようなことには入りこまない。音楽はあくまできっかけ。

星　そこで船に乗り込んでくる楽器が、バイオリンなどのいわゆるクラシックのものだと意味や印象は全然違いますよね。

鷲野　バロック様式の橋の下ではバロック音楽の楽器を、ルネサンス様式の橋の下ではルネサンス音楽の楽器を、のように、見た目の様式美に楽器や曲をあわせ

＊2　アンプラグド　音声の電気的拡張や調整を行わないという意味。プラグを必要としないから。鷲野本文中のアコースティックに同じ。

ていこうというのもあるのですが、その選択において重きをおいているのは、その音量や音楽のスタイルです。空間にどう呼応するか？　どう響くか？　空間の質をどう引き出すか？　そこを超えて、いかに環境そのものを聴くか？　その補助線となり得るのは、音楽を聴くことに特化した空間とともに発展したものではない室内音楽や都市楽師の音楽、能や狂言などの屋内外の環境を活用してきたものだと思う。クラシックのほうにいくと、さも商業的な音楽会で音楽を純粋に聴くということになりがち。

鳥越　コンサートホール用に成長していった楽器ではないという点はものすごくよかった。コンサートホール用の楽器はやっぱりコンサートホール用の響きをしている。開かれた空間で使われていた楽器を持ってきたのはすばらしい。

星　バロック音楽という、日本橋のいまの光景がつくられた近代の文脈にないものが入ることによって、もっと深いレイヤーが引き出せるようになるという仕掛けがなされていると思います。ここにないものが入り込むことによって、何かを引き出すという手法というか。

なぜバロックなのかというと、蒸気機関が始まる前、近代以前の音楽だからなんだと思います。その前の時代の音を持ってくることによって、その場所のモダニズムみたいなものの位相がずらされますよね。運河自体は江戸時代と全く同じルートで残ってるわけです。伊勢商人の拠点だった頃から日本橋そのものはずっとあるんだけど、近代になるにつれその上にいろんなものが建っていった、その位相のずれ方みたいなものを表現したいということが、鷲野さんのプロジェクトからはすごく伝わります。

鷲野　二人と大きく違うかなと感じているのは、僕は理詰めであの場所を選んでるっていうところです。日本橋というのは日本の歴史のなかでも、発展した都市という生活スタイルの究極の場所のひとつ。しかもそれに連なる歴史がきちっと残ってる。完全に綺麗にしてしまったような都市でもなく、最先端のものもある場所だからこそ、いいと思ったわけですよね。いろんな価値観がせめぎ合っていくところだからこその意味があると思うし。

それから運河は、ここのところ忘れ去られた存在、つまり都市の裏側であって、都市は運河に背面を向けているわけですよね。だからこそ、都市の裏側の誰も見ていなかった場所、体感しなかった場所から、その都市のありようを見ていくことは、それだけ非日常の体験になる。直感的にこの場所が何か力があるぞとかいう選び方ではないので、二人とは場所の選び方が違う気がする。

鳥越　ただ見てみようとか、ただ行ってみようみたいなことじゃなくて、その場所を改めて意識・利用することで、もう一息次元の違うことをやろうとしたということですよね。

星　日本橋は元々は魚河岸で、船が主役だった地域だったはずなのに、全く面影がなくなっていますね。そこで水面からの響きに注目するというのは、逆転の発想とは言わないのかもしれないけど、面白いと思います。

――自然のコンサートホール

鳥越　私は生まれ育った地域で自分がで

きることをやってみたいという想いがあった。善福寺池の畔はよく散歩する場所なので、歩きながら音楽会ができないかなという発想に至りました。最初は楽器を使うということまでは考えていなくて、自分がどう思っているかを伝える――もしかしたら歩きながら話すだけでよかったのかもしれないけれど、鷲野さんを通じて知り合っていた辻さんに、私の想いを詩にして託した。「歌《うた》」の語源はもともと「訴える」ということだから、自分の想いを訴《うった》えてくれる人が「歌うたい」なんだろうという、歌の根本にも戻りたいということを、辻さんにお話ししてやりだした。歌だけじゃしんどいところもあるので、歌いやすくするための楽器を入れたりして、徐々にプロジェクトが成長してきました。

鷲野　私は協力団体として、また裏方として、キュー出しのようなことをやっていましたが、楽器の配置とかがすごく考えられているじゃないですか。突如として背後から音を聴かせるとか、人がわーっと移動して音を届けてくれるとか、視覚的にも演出してくれるとか、公園全体を舞台とした演劇を観ているような感覚をもった。空間性というものが感じられますよね。

鳥越　地形の持っている響き、鷲野さんなら橋の下の響きがあるけれど、それと同じように、谷戸の地形を響かせるというか、自然のコンサートホールとでもいうんですかね。たとえば私も設計に携わった瀧廉太郎記念館のある大分県竹田で、薪能《たきぎのう》*3の会場となるのは稲葉川の川原。対岸にそびえ立つのは、岡城二ノ丸月見櫓《やぐら》に続く阿蘇溶結凝灰岩の岸壁で、そこはまさに自然界に直接抱かれたコン

*3 **薪能**　野外に設けた舞台で、かがり火を焚いて演じる能楽。能舞台と観客席が室内に設けられるようになったのは明治時代以降で、能舞台の屋根や白洲は、もともと屋外にあった能舞台の名残とされる。

サートホール。素晴らしい場所です。

鷲野　あとは、非常に私小説的ですよね。ベースが個人の感覚で、自身の言葉も交えて行われたのが面白いし、そういうところが自分との違いだと思う。また、それに同年代の人たちなどが共感したところで、それは私小説でなくなる。地域全体の共通項になっていく可能性がある。鳥越さんのプロジェクトは、作りこまれているという意味で一番デザインされている気がする。ちゃんとした台本もあって、指示がくる。「やるべきこと」から遠くありたい人がそういうことをやっているのは面白いなと(笑)。

鳥越　私が一番興味があるのが、自分が生まれ育った場所の特性なんですよね。まず水が出たから、石器時代や縄文時代に人がやってきたわけでしょ。つまり水が湧くようになったのは、それよりさらに前の話ですよね。さきほど日本橋の近代の話が出ましたが、私が自分の故郷を見直したいというときには、自然の力がこの武蔵野平野の地形をまずデザインして、その後人間の集落ができてくるといったスパンで考えます。さらに水が湧いてたなら、そこには人間だけでないさまざまな生命がたくさんあっただろうとか、そういうことも考えてしまう。

星　公園を歩くと、水が湧き出てきたとされている場所で劇的に音が変わるわけですよね。それと自分の生い立ちみたいなものをどう繋げるかっていう物語をつくっているというのはすごく伝わりますよ。水が流れてる音が主旋律で、そこへの伴奏みたいな感じで歌や演奏があり、聴こえないものまで表現しようとしてるわけでしょう。

鷲野　善福寺公園は都立公園で、近代公園ですよね。水辺ももう自然を残してないわけですね。大変昔っぽくない。もう見えも聴こえもしない想像の世界を含めて鳥越さんは表現している。つまり、あそこを歩きながら僕らは何を感じなきゃいけないかっていうと、幼少期の公園での体験から「河童」がここにいたという感覚を共有しようとしていて、極めて私小説的でありながら、共通の体験を持つ人が実は多くいるという意味で、近代公園である善福寺公園の環境でもありながら、近代公園として設計された、いまの公園だけではないんですよ。それが公園になる前の原野だったときにも、あそこに水があった。そこに対しての意識というか。土地の高低差はいうほど昔と変わってないと思うんです。その高低差による響きであるとか、おそらくこの辺から水が湧き出てるんだろうっていう地点もあまり変わっていないはず。実際の公園の形の、いまの見え方は完全に近代が作ったものですよね。だから現実の世界をどう見るかということよりも、僕から見るとすごくファンタジーなことをやっている。ただそこの場所の物語であることは間違いなくて、時々水が出るっていうのも事実。

星　鳥越さんがそういうこだわりを持ってるということがみんなに伝わることによって、あそこに水が湧いてるから荻窪っていう町ができたんだとか、地域のコミュニティがあってこういうプロジェクトができてるんだということもわかるのがすごいなと思います。

鷲野　歌の内容もそうだし、喋る場所とかもそうだし、すごく昔の話をする。他の人をそこに連れて行く、道連れにしていくっていうところが、肝なんだなという。縄文時代はここにドングリが落ちてきたって言って、実際にプロジェクトの最中に落ちてきたりしたこともあるけれど、別に数千年前にそこにドングリが落ちてきていた事実があったかどうかはわからない。でもその音を縄文人は聞いたんだって言い切るっていうストーリーの展開とかに、すごく特色が感じられたんですよね。単にその場所を愛でてるわけではないんじゃないか。

――お寺・温泉・電子音楽

星　自分たちの言葉――電子音楽とか、アンビエントとかの音楽をやるのにどういう場がふさわしいのか、というのでお寺や温泉にたどり着いたので、この場にふさわしいのはどの音か、という企画の立て方とは逆なんですよね。クラブがいいのかカフェがいいのか、それで行きついたのがお寺だった、というところです。京都のお寺という空間自体が、現代文化のなかで絶妙な立ち位置にいると思うんです。「電子音楽の夕べ」の開催地である法然院は、集う人の暮らしや日常と結びついたお寺。その「開かれ方」が本来の、中世的なものを残しているなと思いました。日本では絵にしても、文学にしてもお寺からでてきた歴史がある。そこにつなげていけたらという思いもあり、ご縁もあってごくすんなり始めることになりました。

鳥越　暮らしと結びついたお寺ということでは、駆け込み寺もそういうものかもしれない。

星　駆け込み寺だった東慶寺でもプロジェクトをやったことがあります。偶然ですけど。

鳥越　なぜ電子音楽だったのか、ということが気になっているんですが。

星　電子音楽は既存の楽器と違って、決まった楽器の音というものはなく、やろうと思えばどこまでも多様な音を生成することができます。実際に使える音を探していくと結果的にどこかで聞いたことのあるような音ばかりになってしまうという罠もありますが。いま現実の社会に基準としてある空間に変容を加えようと思ったら、その場所で鳴ったことのないような音と、心地よく馴染みのある音との絶妙のバランスが必要になると思うのです。

どんな音楽がそこにあるかによって意味や文脈が変わってくる。あそこでロックフェスティバルをやるのだとああはならないじゃないですか。電子音楽には環境とまじりあっていく懐の深さがまだある。クラシックのコンサートだったらどうか、となるとまた文脈が変わってくる。お二人が言うような、場にふさわしいのはどの音か、と同じことですよね。

鳥越　星さんがプロジェクトを行っている三つの温泉——肘折、渋、鳴子の違いはどこにあるんでしょうか。

星　まず肘折温泉と鳴子温泉は、同じ湯治場の温泉街でも印象が正反対なのですよね。鳴子はすごく世俗の世界というか、昔はもっと夜のお店もあったりもしたらしいのですが、ほんとうにいろんなお店があるんです。一方の肘折はもう「聖なる世界」なんですよね。元々宿坊だったような。湯治場としてのあり方が全く違うのです。

これには鉄道が通っているかどうかが大きく関係していると思います。鳴子は温泉街の真ん中まで鉄道が来ていますけど、肘折に行くには鉄道駅からバスで六〇分とか七〇分とか行かないとたどり着けない。また渋温泉は、鉄道は来ているのだけどターミナル駅は湯田中というひとつ手前のエリアにあって、そこから歩いて二、三〇分、車で数分のところにあります。

東北にある鳴子と肘折は、湯治場というスタンスはしっかり守っているんですよね。信州にある渋温泉は湯治場という形は取っていませんが、そのかわり中世からの惣村の仕組みが伝統的にずっと残っている。湯治に特化するか、信仰を中心に据えるか、地域の仕組みを残すか。近代化のなかで大事だと思ったものをそれぞれ残したということですよね。

鷲野さんの「名橋たち」でいえば、例えばここは鉄道があって、上は高速道路がかぶってるとか、違うレイヤーが組み合わさっていると明らかにすることによって都市の素の部分を見せるというように、複数のものを繋ぐことによって何かを見せる、というのが手法としてあるんじゃないかと思います。

鷲野　そういう歴史的なところへの興味関心が強くありながら、アンビエントっていうものがそこと実はすごく呼応するところがあるように思う。温泉地にアンビエントというのは、音の置き方としてすごくヴィヴィッドだと思う。

僕の場合は都市のなかできらびやかなバロック音楽をやる。そのギャップで驚かせるというか、そしてさらに大きい落差をもたらせるようにやっているけれど、星さんはその逆をやっている気がする。流行っているジャンルのものをやることによって、温泉にふだんは来ない人たちを呼び込んでいる。僕はだまくらかすような気持でもある。バロック音楽を聴こうと思ったら騒音を聴かされる。それを騒音聞いちゃった、いやだったな、とならないようにするためにプログラムをデザインしている。逆転しているけれど同じ構造を感じる。

星　お客さんからすれば、巻き込まれ感があるように思うんですよね。わけもわからず来て、なるほどこういうことか、と思う、みたいな。巻き込まれてみないと伝えられない何かがあるからこそデザインしている部分もあって、それは言葉で説明できないところではある。あとは温泉に浸かってはじめて感じられることもものすごく大きい。

鳥越　温泉に浸かっている感じ、そのものが音楽だということもできますよね。単にお風呂だから声が響くということだけではなくて、お湯に浸かる感覚が音の世界だと思うんです。

しんとろの湯[*4]に浸かっているときに、お風呂に入ってるっているのと同時に音に浸かっている感覚がありました。あのお風呂で音の世界を味わう深さを体験した、みたいな。

星　高温多湿の空気の音ってありますね。

鳥越　サウンドスケープは時間軸のなかで展開しますよね。しんとろの湯っていうのは普通の公共温泉で、でもそこはお風呂場独特の音がして、さらにお湯のとろとろした感じ、それが体に残ってる状態で、車に乗って別の温泉旅館の電子音楽が鳴る大広間に行くわけですよ。そのお湯の感覚が私のなかにはどっぷり入ってるから、それが一緒に混ざる。この一連の状況に非常にリアリティが出てくるわけですね。

星　こういうふうに音が聞こえるよう

＊4　しんとろの湯　鳴子温泉郷の中山平温泉にある共同浴場。中山平は「うなぎ湯」として知られるほどの強アルカリ性で、つるつるとした不思議な肌触りが特徴。ここが温泉開眼の地となる人も多い。

に、とか、こういう体験をしてほしいというふうには仕組んでないんですよ。お湯から何を体験するかはそれぞれ違うはずで、鳥越さんが何を感じたかとか、そこに踏み込むとやっぱり人の内面に介入してしまうというか、どう感じたかはわかっちゃいけないことだとも思うんです。

鳥越　渋温泉では蕎麦打ちライブにも参加しました。参加者みんなで蕎麦を打ちながら音を聞いてるから、いわば踊りながら聞いているというか。体を動かしながら、みんながわーとかきゃーとか言う、そういう声も聞こえてきて。ライブハウスで踊ってるかのような感じで盛り上がっている横では、一緒に行った私の父が寝ていたんですが、畳敷きの大広間なので全く違和感がない。あれは本当に素敵なひとときだった。

星　蕎麦打ちがそのまま音楽になってる、みたいな感じですね。

鷲野　仕事しているメインのことはプログラムにとって大事ではない。補助線を引く、気づかせるためにとにかく答えを言わずに見守る、それをプッシュするときに音楽を使っているだけで。

鳥越　サウンドスケープの考え方自体に、コンテクストを聴くためにテクストがあるということがあります。テクストはコンテクストのためにある。二人のプロジェクトでもそういうことになりますね。

――場所に音を挿入する

鷲野　一九八三年に、ビル・フォンタナ[*5]がブルックリン橋一〇〇周年のときに行った橋の音の採取、それをワールドトレ

＊5　ビル・フォンタナ［Bill Fontana］　一九四七年生。アメリカの作曲家、サウンドアーティスト。彼が手がける「音響彫刻［sound sculpture］」は「音の出る彫刻」とは異なり、特定のエリアで録音採取した環境音を素材とし、それらを別な場所に再配置（リロケーション）し、都市の公共空間等で構築した音像として提示するもの。「ブルックリン・ブリッジの振動する鋼鉄の格子」（一九八三）、「サウンドブリッジ　ケルン―京都」（一九九三）等がある。鷲野本文も参照。

ードセンターで流すということがあって、その後彼はいろんな古い駅に新しい駅の音を入れる試みを数年やっていました。彼の試みを僕は後から知ったのですが、八〇年代にはこうした取り組みが他の国でもちょっとずつ出てきた。

鳥越　ガブリエーレ・プロイ[*6]のサウンドスケープ・コンポジションは二〇〇〇年より少し前からです。たとえば〈ウィーン西駅〉という作品は、その駅で実際に聞かれたさまざまな音を録音構成してつくられたもの。その後に駅が取り壊されたため、いまではその作品がかつて存在した駅の音の記録となっている。

鷲野　そこで重要なのは、「リロケーション」ですよね。これは、ある場所の音をそことは違うどこかに移し替えていくことを通じて、意味の置換というか、何かもっと多様なものを移行していくということ。その感覚が、我々のやってるところにも何か息づいている気がしなくもない。私だったらば、いわゆる騒音を聴くわけですよね。都市のなかの騒音、特に橋のなかの音や響きを聴き、高速道路の響きを聴き、都市全体の音を聴くために何をやってるかといったらば、ルネサンス様式の橋がかかってるからといってルネサンス音楽を入れるっていう、むちゃくちゃな強引なこじつけみたいな演奏におそらくなっている。ある種の論理性はあるんだけども、実際それを聴いてもらいたいわけでは特になく、ただ聴きたいという思いを持って――私が人に対して真剣にルネサンスとの関係を説いたあと、人はそれを聴こうと思った耳で聴くから、きちんと都市史的な意味をもって騒音が聴こえてくる。ビル・フォンタナの場合は違う場所の音を出すわけだけど

＊6　ガブリエーレ・プロイ［Gabriele Proy］　一九六五年生。ウィーン在住の作曲家。従来の作曲手法による作品に加えて、録音採取した環境音を素材とした作品（サウンドスケープ・コンポジション）を手がけているが、多くはコンサートホールで演奏される。

も、僕の場合は、場所は変えない。その場所を生で感じながら、そこを聞くために違う種類の音を挿入していく。星さんも鳥越さんも、温泉に電子音楽を挿入するとか、公園の巨木の間に吟遊詩人とか、音の置き方としてはかなりヴィヴィッドだと思う。

この場に開かれるきっかけとして

鳥越　例えばブライアン・イーノ[*7]でいうと、彼の音楽はコンサートからぱあっと環境に出て行ったんだけど、けれども結局は空間をそのままたゆたっているだけの状態になっている感覚が私にはある。対して、そうした音を実際の場所に帰結させるにはサウンドスケープという考え方があるというように思っています。ただ音楽史的に見たときには、近代音楽の枠組みとしてのコンサートホールやリスニングスタジオといった空間からやっぱり出ようとするエネルギーを、アンビエントははっきりと受け継いでいると思う。京都で開催されていたイーノ展[*8]みたいに、新幹線の駅近くの古い銀行の建物でやるっていうこと自体はおもしろいにしても、それはやはりクローズドな特殊な空間に閉ざされたイベントになっていた。広い視野で見たときには、京都とアンビエントはすごく似つかわしいんだけど。

鷲野　ブライアン・イーノのアンビエントと星さんのアンビエントを比べたとき、音楽が作品として固定化されてるのか、それともその場所と呼応することを最重要課題だと思って音楽をしようとしてるのかという点において、僕は大きな違いがあると思いました。

＊7　ブライアン・イーノ［Brian Eno］一九四八年生。イギリスの音楽家・音楽プロデューサー。アートスクールで実験的音楽に親しみ、卒業後はロキシー・ミュージックでロックスターとして活躍する。ソロ転向後、オブスキュア・レーベルを設立。アンビエント・ミュージックを開拓した第一人者とされる。

＊8　イーノ展　BRIAN ENO AMBIENT KYOTO と題されたイーノの個展。二〇二二年六月—八月、京都中央信用金庫旧厚生センターにて開催。

鳥越　この間の「鳴響」のときの星さんの解説にも、「この場に開かれるきっかけとしてのアンビエントです」っていう言葉がばっちり入ってましたね。このあとお風呂入ってください、とか、よかったら街をそぞろ歩いてみてくださいとか言ってましたよね。翌日はどこどこのこけし屋さんでまたやりますとか。だから結果としては町の宣伝をしてるような感じのDJなんですよ。もちろんアーティストの宣伝もやってるんだけど、それも仙台から来た誰さんとかいった紹介があり、そこにもちゃんとローカル感がありました。

鷲野　アンビエントは都会にもできる場所はたくさんあるし、わーっとやればやっぱりすごくウケる分野ではある。それをわざわざ遠いところに持ってきてやってる、それは人を呼びつけるっていうことじゃないですか。呼びつけることによって、都市のイベントだったら終演後に楽しかったねって打ち上げに行くだけのところを、打ち上げではなく温泉に行き、地域の飲み屋に行くっていう行為に来た人を誘うことができる。彼らが体験しないかもしれないことを体験させてるっていうことであって、それはかなりの強制なんだと思うんですよ。僕のプロジェクトも強制ですよね。舟に乗せてしまって、バロック音楽やルネサンス音楽をきっかけにして、騒音を聴いてもらおうっていうことをやってるわけで。そうしない限り聞かない、体験しないはずのことなんですね。

星さんは自分の企画で、どこまで来た人たちに感じてもらおうと思ってるんですか。どういうものまで感じてもらったら、自分のプロジェクトをやったことになると思うんですか。
星　それは人それぞれですね。本当に来て楽しかった、で終わってもらってもいいし……、でもはっきり言えば、その場所の温泉のリピーターになってもらうこと。この温泉には何かあるなと思っても、一回二回でわからないものもあるのかもしれないですよね。でもやっぱりもう一回行きたいなと思う、ここは何かあるかもしれないって引っかかって次に行ってみるとまたそこで発見がある。そうするとサイクルができてくる。最初の一回はきっかけでしかなくて、そのリピーターになってもらいたい一心でやっています。
鳥越　三つの温泉地について、それぞれの落としどころはどういうところになるんですか？
星　ここには何かあるなってことを察してもらうだけです。その後のことは、どんどん自分で気づいてもらって、それは自分が言うことじゃないなとすら思う。
鳥越　でも、いまの星さんの言葉だと、なんだかすごく立派な……なんていったらいいのかな。何か地域のためにだけ、身を削ってやってるみたいで(笑)。あえて湯治場であったりとか、集客能力がかつてあったと思われる場所に、若い人たちによるコンサート会場を持っていくことによって、またお客さんたちが足を運ぶわけですよね。私も行ったとき、若い人たちにたくさん会って、こんな人たちが来ているんだなと思った。温泉の魅力を借りてアンビエントを広げてるとも言えるんでしょ。
星　それはもちろん前提の話です。赤字になれば困るし、もちろん自分たちの音楽を聞いてもらうためにやってるんですよね。そうなんだけど、地域のために何を、という意味ではやっぱりリピーターになってもらいたい。昔の芸能界の音楽のような近代の音楽産業のあり方では、送り手と受け手の距離が絶望的に離れてるじゃないですか。その次の段階で出てきたクラブシーンでは、送り手と受け手がすごく近いんです。その距離感を自分たちなりにどうやればいいのか、そういう工夫を継続していったという面もあります。

――スピーカー使う/使わない問題

鷲野　一番最初に「名橋たちの音を聴く」というタイトルで橋の企画をしたときには鳥越さんと一緒にやりましたし、星さんにも参加してもらったんだけど、あのときはスピーカーを使った。つまり生の声だけで本当に舟の上で聞こえるんだろうかと考えたとき、長年舟の企画をやってきたので、これは無理だってことで、ひよってしまった(笑)。怒鳴り声でやるわけにもいかないよねということでスピーカーを使ったのですが、初回でやめた。話してる人の場所と、音が出るところが違ってしまう。その響きをどう感じるかっていうことがテーマである企画なのに。あとやっぱりマイクの音っていうのは、音量として企画になじまなかった。その他のものがアコースティックであるのに対して、声だけがスピーカーから出てくる音量ということになると、舟から発してる音と外部からの音とのせめぎあいのなかにもうひとつ要素が入っちゃう気がした。やっぱり、何かを言ってその声が響いた、もしくは何かを言って、騒音がして、聴こうとしても聴こえなかったっていうこと、また一生懸命楽器を弾いてるんだけど、高速道路のせいで何にも聞こえません、この状況がシュールだと思ったし、これこそが社会批評になると思ったんですね。

時間性をヴィヴィッドに感じたいし、いまを感じるっていうことはすごく大事。せっかくリアルな場所にいるにもかかわらず、バーチャルの音を出す必要はやっぱりないんじゃないか、と。

鳥越　全く同感です。鷺野さんが「名橋たちの音を聴く」を始めた頃と私が「池の畔の遊歩音楽会」を始めた頃って、シンクロしてるんですよね。私も最初スピーカーを使いました。話しながら、やっぱり何か違和感があって、やめた方がいいとすぐ思ったのね。でも私の場合は、話の内容を皆に聞いてもらわないと困るので、野球の応援用みたいなメガホンを調達してきて、鷺野さんの舟でも私のほうでも使うようになった。スピーカーはどこに人がいてもいいんだけれど、メガホンの場合、やっぱり一応メガホンの角度のなかに入るよう、みんな聞こえるところに来てくれているかな、みたいな意識はそのとき持ったかな。

鷺野　それはすごく大事で、音源がどう広がるかっていうのを、言ってる方も、客もわかるという状況のなかで、そこから外れたところにきたら聞こえないということ、つまり音というのは物理的に聞こえたり聞こえなかったりするんだっていう説得力は、スピーカーよりあった。

鳥越　その格好も面白いんですよ。なんか一生懸命言ってるみたいだからもうちょっと聞こえるところに行こうかな、っていうふうに聞いてる人が動いてくる。

鷺野　視覚的にこの人が言うぞっていうのは見えるわけですから。明らかに身構えてくれるね。聴こうとするから、都市の喧騒のなかでも聴こえる。レコーディングした音を再生しても、ああは聴こえてきませんね。

星　自分のコントロールの範囲内かどうかですよね。スピーカーの話は、僕は電子音楽を扱っているので、あんまり関係ないです。でもすごく気は遣ってますよ。みんな音響派なので。法然院では外の虫の音の伴奏をしている感覚で、それが綺麗に聴こえるようにと。

鳥越　星さんのプロジェクトでは曲が終わってから解説もあるんですよね。その解説は、音楽イベントが終わってからの解説だからマイクを使っててもおかしくない。私の方はコンテンツのひとつとしての話だからおかしかった。だから同じマイクの使い方でも、その辺が違うんだといま気がつきました。鳴子温泉の大広間でDJ的にやるときは全然おかしくない。かえってひとつのスピーカーから音が聞こえてくるというのは意味のある演出になっている感じもしました。

――デザインの自由度

鳥越　鷲野さんの「名橋たちの音を聴く」では、音楽がノイズに支援されているような感覚がありました。音楽を聴くには、ノイズに対するシグナル比が高い、ハイファイな状態がよい、つまり音楽というテクストだけを美しく聴くことが正しい、もしくはそれが究極の音楽だ、みたいな考え方に対して、江戸橋の下の轟音のなかで辻さんの歌声を聴くことのリアル感といったら、それは素晴らしかった。もう音楽すごい、みたいに思いましたよ、私は。

鷲野　まさにそういう設計をしてプロジェクトをつくっています。僕のプロジェクトは、こちらの意図したとおりにお客さんも参加アーティストも動いてくださ い、というタイプ。デザイナー的な発想なんですね。人がそこで何を感じるかは人それぞれなんですが、どこまでデザインしているのか、どこまで人の感じ方の自由度があるのか、プロジェクトによって違いがあるのが面白いですね。

鳥越　私はやってみて何か違うな、と思ったらそこで調整を加える。もしくは参加してくれたアーティストが当初のイメージと違うパフォーマンスをしても、あ あそれもいいなあ、と受け止めちゃうというか。

鷲野　そういうことも含めて自由度が高いですよね。星さんの企画でもアーティストの自由度は高いんじゃないでしょうか。

星　そうですね。デザインって両義性を持ってると思うんですよ。人間の生活を豊かで美しいものにするけれど、一方で何かを閉じ込めていってしまう力だったりもする。やっぱりデザインって権力なんですよね。それをどう非-権力なものにしていくか、のようなところが念頭にあるので、僕のプロジェクトはある程度自由度を確保した発想になっていっているのかなと思いました。タイムスケジュールはありますけど、厳密に守らなくてもいい。それぞれがやるべきと感じたことを表現することで結果的に全体がうまく循環しているという、ビオトープのような状態が理想です。

鷲野　僕の場合は、設計したとおりにアーティストに動いてほしいけれど、でも自分の意図した範囲のパフォーマンスだと僕の能力を超えた面白さが出てこないから駄目なんです。自分のなかにデザイナーとしての発想と、アーティストとしての発想がどっちもあるという。自己矛盾が常にある(笑)。

鳥越　私は自己矛盾はそんなにないし、何かを設計しているっていう感覚も鷲野さんに比べたらあまりないですね。あえて言えば、自然にやりたいことを積み重ねていっているというか。やりながら気づいていく。プロジェクトの発展過程で私が、個人的な想いを話したり歌ったりするのをやめたのもそういうことでした。自分が死んだらこれは続かなくなると気づいたからなんですね。ほかの人がやってくれるようになったら続くかもしれないと。

鷲野　芸能のほうへ向かおう、というその発想の転換があったとき、僕はすごくいいと思いました。「池の畔の遊歩音楽会」がもしかすると伝統に変わっていく可能性がみえた。私小説を私小説じゃなくしていく試みを、私小説的にやられているというか。ほかの人に物語を受け入れてもらおうという方向に転換したわけですね。

――自然の音、人工の音

鳥越　私のプロジェクトの最終目的は、私自身の物語を語ることではなく、土地の力に気づいてほしいということにある。二人から見たら違って見えるんだろうけれど。音のことがテーマであることのむずかしさは、都市が成り立っている自然の地形とか、生態系というものすらあるところに、音はそこでさらに忘れ去られがちということにある。コンサートホールによって切り離されていったところを土地に戻していきたいです。

鷲野　僕たちはふつうのことをやっているだけなんだけど、あまりにも環境を多様な感覚で愛でるという感性が忘れられていることに対してどうかなと思うことがある。懐古趣味とかではなく。「池の畔」はドングリの季節にひらかれたり、歩くと音の出る場所をルートに選んでいたり、お客さんの感覚をひらこうとしている感じはとてもある。年によって違うから、毎年来ることにも意味がある。大人になって忘れてしまったことにもう一度気がつくということは、土地に対する感覚を再会得できるということ。それに対する音の入れ方、どういう人を参加させるかということに特色を感じます。

ここ数十年、音の観点から社会を、世界を見ていくということが少なくなってしまったように思います。こういう状況になっているということは、社会性が希薄になってきているということ。サウンドスケープの考え方は、社会に貢献するものだと思う。音をきっかけにしてそれぞれ、何かを空間に挿入することによって、社会に何かしらのインパクトをもたらしたいと思っているということはある。

星　「精神状態が悪いときは自然に触れると効く」とか、よく聞きますよね。温泉に行くと大抵ものすごく早く目が覚めるのですが、このあいだは鳥の声に起こされて、まだ宿の人も誰も起きていなくて、いわば人間の音がまったくしない。湯水の音と、鳥やカエルの音しかしない。こんな環境あまりなかったなと思って。そのときなんとなくその言葉の意味がわかった気がしました。逆に完全に人間の音しかしない環境というのは不自然、というか精神衛生上不健康で、本当は人間の音のしない空間というのが文化にとって大事なのではないかなと思いました。

「自然のなか」といっても、例えば都会の緑の多い公園のなかでも「やめなさい!」ってお母さんの声だとか、救急車やパトカーの音だったり、公園の注意のアナウンスだったり、鳥の声より社会の音が耳に入ってくる。音自体、社会が発しているメッセージそのものになってるなと思ったりします。緑があれば自然なのかというと、そういう意味ではないということですね。

鷲野　僕は気が塞いだら都市の音にまみれてないとだめだと思うな。生活環境とか人によるのかな。ものの見え方も聴こえ方も人それぞれだと思うので、それが狭められていることに対する危機感があります。あまりにも音に興味を持たない感覚で都市がつくられていて、それが病理につながるのではないかという感覚は僕も感じています。商店街の生の音を自然ととらえるのか、人工ととらえるのか……僕は自然ととらえたいけれど、それがどうであれ、そうした音をシャットアウトしようとする人たちを減らしたいという思いがある。

鳥越　サウンド・エデュケーションにもそうした話がありますね。鳥が鳴いたとして、それが野鳥なのか飼われている鳥なのかで、自然の音か人工の音なのかが変わってくる。お腹が鳴る音も、自然の音なのか人工の音なのか……。自然、人工、テクノロジーと思われるものがそれぞれの人のなかで違ってくる。そういったことにもサウンド・エデュケーションからの問いかけがあるんです。私たち三人のあり方にしても、いろいろと違っている。予定調和的でないところに、こういう関わり合い方もあるんだと読者のみなさまに思ってもらえたらいいな、と思ってもいます。

――パンデミックを経て

星　パンデミックを経て、結構いろんな発見がありましたね。京都では祇園祭の時期に、地域の音を流すFM番組をやっていたんですけど、二〇二〇年の七月一六日(本来であれば宵山の日)、四条通の一番賑やかなところでも、もうバスの音しかしないんですね。だからその音だけを流したんですけど。京都の人はその音で状況がわかるわけです。清水寺に行っても滝の音しかしない。山の音になってるんですよ、完全に。いつもなら中国語やお賽銭の音が聞こえ、翌年にはどの国のものかわからないようないろんな言語が聞こえるようになり、数年で海外から旅行に来る層も変わっていくんだなと思ったり。毎年すごく発見があるんですけど、その年は新しい音がしなかった。あと、四条界隈では商店街からお囃子の音をスピーカーから微かに流してるんですよ。言われてみれば流れてる？　くらいの音量で。やっぱりここの人たちは本当はお祭りをやりたいんだなっていうのがその音から伝わってきて、これは繊細だな、京都っぽいなって。

次の年(二〇二一年)からは二階囃子の練習だけ始まったんですけど、やっぱり生の鉦の音の力は、明らかにスピーカーの音とは違うんです。あ、本当にやってる！　という感動があって。明らかに力強い金属音が、人ならぬものの回路を開くときの音楽って感じがすごくして、ああこれこれみたいな感じがすごくした。もちろんスピーカーでもその感じはするんですけど、稽古の時間になって生のお囃子が始まった時の空気の変わる感じや、その時の街のざわめきが音にもすごく入っていて、いろんな発見がありましたね。

この時期「電子音楽の夕べ」はリモートで行いました。当時、茶会も稽古もとても出来る雰囲気ではなかったらしいんです。でもみんな隠れて集まっていたそうなんですよ。隠れキリシタンみたいな。お菓子を届けあって「オンライン茶会」などもやってみた結果、茶の湯とは何なのだろうみたいな問いにまで行きついたみたいなんです。これを応用して、このお抹茶やお菓子や香など一通りと、このタイミングで食べてください、などという指示書をお客さんに届けて逆にオンラインでしかできない茶会の体験をうながす「オンライン茶席」をやりました。音楽とは何か、茶の湯とは何か、人が集うとは何かとか、根源的なところまで考えさせられた。空間に身を置くということは、世の中の状況とすごくつながっているのだと思います。

鷲野　僕はとりあえずコロナは危険だということを理解したときから、あらゆる自主企画を止めました。「名橋たち」ではそこの場所に身を置くことがすごく大事だと思ってたので、場に身を置けないとなれば、とりあえずやめようと。ただ感染対策ができる「代官山猿楽祭」みたいなものは、街がこういう状況でも頑張ってやろう、ということなので、厳戒態勢で参加しました。ソーシャルディスタンスなどの感染対策を訴えながら、一七世紀の「ペスト医者」風のくちばし型のマスクを楽隊が着用して練り歩いたりしていました。ペスト医者の扮装は、お祭りの実行委員会の面々からのオーダーだったのですが、そのままでは怖くてこどもが泣いてしまうので、かなり優しめにして原型を留めておりませんが。

鳥越・星　あれ本当に良かった。

鷲野　お祭りなのにちょっとおどろおどろしくしようということをやったりですね。でもそんなに企画をいっぱいやった覚えはなくて、自分は何やってたんだろうってことを振り返ると、図を作ったり、伝えるためのテキストを考え発表したりとか、そういうことに時間を費やしたかな。

鳥越　でも、そのおかげで私のインスタレーションとか、その後の遊歩音楽会の「バーチャルブロードキャスティングウォーク」(本論参照)も一緒にやってもらえた。私はコロナで大学に行くこともできなかったから、いろんな資料を整理し始めたわけですよ。だから過去の「池の畔の遊歩音楽会」の資料とか動画とか、音のインスタレーション作成に向けて一〇年間にわたるいろんなことをまとめられたのはコロナだったからこそ。これまではゆとりがなかったから、やりたくてもできなかったかなって思うんですよね。やっぱり止められた部分があったからこそ、その時間とエネルギーで別な作業を展開できたのかなって。

――「まこと」と「まやかし」

鳥越　今年(二〇二三年)の「トロールの森」の全体テーマは、「REAL=FAKE まことはまやかし、まやかしはまこと」でした。よく考えてみたら、サウンドスケープ論は、まさにリアルな世界での「出来事を聴く」ために、まことの世界に行くべきだ、っていうのがその基本スタンスだと言える。つまり、コンサートホールでいくら真剣にベートーベンの楽曲を聴いたところで、それはある意味まやかしの世界にいるということなんですね。リアルな世界で環境がひどいことになっていることに対して、耳くらまし作戦をとっているとも言えるというか。サウンドスケープ論の原点には、元々イヤークリーニング、直訳すれば耳掃除という言葉があるくらいで、現代人の耳が狭い意味での音楽で詰まってしまっていて、外の世界の音が聞こえないという状況を指摘したわけです。ちゃんと耳を開いて現実に対応しろっていうメッセージがあった。

日本の神社は屋外にありますね。聖地が外にそのままあって、そこで耳を澄ますと、まことの森の音にすぐに直結する。対して西洋のカテドラルは、音を聴くための状況、つまりコンテクストそのものを作ってるわけでしょう。伊勢神宮などでは、そのまことの川がありまことの森があり、まさにそれを聞くことができる。リアルな出来事と向き合う状況がもうスパッとできているんです。

鷲野　トータルな環境デザイン、空間デザインについて、音の要素もきちっと考えていくと、外の世界との関係を保ってきた日本の建築の豊かさに気づきますね。

鳥越　本当に面白いなと思ったのは、まことに気づくためにサウンドスケープ論が生まれてきていて、だからノイズなどを含むまことの世界に私たちは三人とも向き合っている。サウンドスケープ論では、まことを聴くためには、音楽なんてまやかしかもしれないぐらいに捉えられている。でも私たちは音楽を否定せずに、音楽をきっかけにして、まことの出来事を聴こうとしている。

　実際のところ、シェーファー自身も音楽をつくり続けている。私たちと同じなんですが……。

星　細野晴臣さんのアンビエントの捉え方[*9]がすごく好きで。自分から一番遠いものを引き寄せるのがアンビエントで、自分の内側に広がる環境を表現している感覚の音楽だと。音は現実の世界とはまた違う空間で響いてるわけじゃないですか。音はフォーカス可能だっていう話が出てきましたよね。現実の音があって、その物理的な音をそのまま自分が感じてるわけじゃない。中田考さんが言っていたんですが、宇宙には外部があって、その断面が人間なんだっていう。[*10]音に近づくにはどうしても縁や偶然性に近付かざるを得ない。人間が音にフォーカス可能だということは、宇宙の外側と現実の世界のどちらの音も聴くことが可能なんじゃないか。もしかするとこれは近代というものの解体が始まって、世界全体のテーマがそこに近づいているということなのかも知れない。

　いま、この世知辛い世のなかだけしか見えない人たちが圧倒的に多いと思いますが、音に着目することで、世界で起きていることへの見方を変えることができるのではないかと思います。

鳥越　音の力が、そのフォーカスする力を引き出してくれるということもありますよね。音はわりあい自由にとてもロー

＊9　細野晴臣、中沢新一、伊藤俊治、港千尋「エクスターズする文化へ」『Inter Communication No. 26』NTT出版、一九九八年。

＊10　中田考『どうせ死ぬ この世は遊び 人は皆』実業之日本社、二〇二三年。

カルなところからグローバルなところにまでリープできるとか、いまの時間の流れとまた違うところにふっといける感じがあると思います。

星　まことかまやかしかって、果たしてどっちがどっちなんだろうとは思いますね。音の世界がまやかしなのか、現実の世界がまやかしなのか……。

――音で世界にフォーカスする

鷲野　僕は二人とはちょっと違う感覚を持ってるような感じがする。まこととまやかしを分ける二律的な考え方にはあまり興味がないんです。「まこと」があるという前提がおかしいんじゃないか。基本的には僕らは、見たいものしか見ない、聞きたいものしか聞かない、そういう文化を持っている。他の動物もそうですよね。食べ物だと思ったら反応するけれど、そうじゃないものはその動物にとっては存在しない。それぞれの主体に世界はそういうふうに立ち現れてくる。人に戻ると、つまり、その個人の趣味に基づいて立ち上がっている。僕らが見ている範疇は個人や社会がつくりだしているまやかしなんじゃないか。感性を通じた世界の立ち現れ方は、科学的方法論に基づく客観的な記述により共有されるものとは違う。

鳥越　サウンドスケープの定義は、まさに主体となる個人がどのように認識しているか、また特定の社会がどのように認識しているかによってサウンドスケープの実態が決まってくる、ですからね。

鷲野　例えば我々からの認識からすると、カメレオンの一族はほぼほぼ同じ感覚を持っている。だから彼らを社会とも個人とも言える、みたいな意味での個人と社会っていう表現だと思うんです。

僕は星さんのフォーカスのお話はすごくしっくりきています。人々のフォーカスがある一点に絞り込まれてしまいがちなのが近代以降だと。それに対して多様なものの見方を示して豊かな世界を理解する、そしてその理解は人それぞれでいいんだけれども、多様に物を見られる能力を持てるようになれればいいんじゃないのかな、と思います。

星　座禅を組むときって、一回全部フォーカスを外すじゃないですか。聞こえてくる全部の音を受け入れる。そうすることで、環境や自分の存在自体を捉え直す視点ができる。一歩間違えれば変な話になっちゃいそうですけど、自分が見ている現実と物理的な現実は、まったくイコールではないってことですよね。ひとつの現実しか見えないから、みんなつらくなってくるわけじゃないですか。でも、僕らがこの本で述べたようなやり方を通すとちょっと違って見えるというか。

鳥越　近代が失ってしまったいろんな聴取を取り戻す——それによって、それまで気づかなかった、忘れていた豊かなひとときを取り戻すのと同時に、いままで気がつかなかった危険性もあることにもはっとする。私たちのプロジェクトは、生き延びていくためのきっかけづくりとして、すごく意味があるんじゃないかと思います。

——もとに戻るのではなく

星　坂本龍一さんが亡くなる前に、災厄を通して人間は成長していく、改革していくみたいな話をされていて。*11 我々は、

*11　「坂本龍一「〝無駄〟を愛でよ、そして災禍を変革の好機に」文明をバージョン1.5に進化させるために」二〇二〇年五月二二日、朝日新聞デジタルマガジン&。

いまのこの時空間をいまじゃないところに突き刺すということをやっているのだと思います。コロナ前と言われる時代ってあんまりいい時代じゃなかったと思うんですよ。それこそ格差社会、勝ち組負け組みたいな話をみんな真に受けていて。でもそこに戻るんじゃないというか。「鳴響」を復活させるにあたって東北各地から集まった二〇代のアーティストたちも、東日本大震災のあと、世の中このままじゃいけないからどうにかしようという空気があって、いい方向にいくと思ったのに、なんでそうならなかったんだろうという話をしていたんですよね。その感覚をこんな若い子たちも持ってるんだ、とすごく意外でした。だから「鳴響」もやるならあの感覚にもう一度繋ぎ直さないと駄目なんだなってみんなで話しあったんです。元に戻りましょう、ではないと。

鳥越　そういう意味では元に戻りたくないですよね。東日本大震災のときは、原発のあり方も含めてこれで変わるっていう期待があったのに、いまは元に戻っちゃって残念です。

星　とはいえ、(本書を)書き始めた頃といまとでは、三年くらい経って、また状況が変わってしまってるなと思うんです。こういうプロジェクトができた頃は、あちこちの地域にとっては黄金時代でもあったというか。地域が藁をも摑むようにしていた危機の時代に、自分たちも一緒に何かを摑もうとして協働できたことは、本当に幸福なことだったんだなと振り返って思います。「若衆」が三人になり一人になり、ご高齢だった民謡の佐藤民男さんも田んぼの高橋さんも、紙芝居の松田れい子さんも先日亡くなってしまいました。それに、「日本文化の古いもの」や「伝統文化」と言ったときに想像されるものが、二〇一〇年代の後半から、いわば日の丸的、政府が宣伝しているような政治的なものに変わってきてしまった。アーティストですらその根本的な違いに鈍感になってる人も出現してきて、世の中の空気が変わってきちゃったな、と。一〇年代の前半と後半は全く違う時代だったと思うんです。

鳥越 私もきっかけはコロナによる他律的なことだったかもしれないんだけれど、二〇二〇年に、それまでは実際のパフォーマンスをしていた一〇ヶ所の跡地で垂れ幕をつくり、そこからQRコードで音を呼び出すインスタレーションを行いました。その後、また現場で人を集めたプロジェクトを再開させようかとなったとき、むしろ場所を変えてこぢんまりと行うことを選びました。以前は途中参加もOKのような、開かれた緩い感じでやってたんです。でも今回は、黄昏の時間軸でプログラムを体験することの意味が大きかった。自然の摂理は待ってくれないわけですね。それで、途中から参加を希望された方に、今回はできませんと言わざるを得なかった。これまでやってきたなかではじめての経験でした。直感的な成り行きではあったけれど、この数年を経て私のなかでも変わってきたところはいくつかありますね。

星 それぞれ差はあれ、路線を変えてやらざるを得なくなってきたときに、知覚や直感から感じることと、情報で知ることとの違いみたいなものの違いが浮かび上がってきたのかなと思いました。さきほど言ったコロナ前後あたりから、僕は実はちょっと絶望していて、もうこれからアートだったりとか音楽だったりで世の中が変わることもないし、人の心が変わることもないし、もう表現で何かができる段階は終わったんだなって思ってきたんですけど、この本をつくっていくなかでまだやるべきことはある気がしてきました。何もできることはないと思っていたんですけど。

鷲野　いま無難に「勝てる」人間というのはそういうのを見ないようにしよう、いいところだけ取ろうってした人だし、最短距離で歩くっていうのが社会の基本みたいになっている。でもそれではダメなんじゃないかと直感する人たちの群れは確かにいて、そういう最短距離走者を横で見ながら絶望してる人がいるわけで、社会のあまりに強い、単純にもとに戻ろうとする流れのなかでは、個々人が自力で絶望の淵からはい上がるのは無理ですよ。それをね、うまいことといくような状況をつくっていくっていうことは、横道にそれるような歩き方をする、何かおかしい人たちの仕事ではないかと思うんですよね。

（二〇二三年七月二四日・一二月八日、風聴亭にて）

おわりに

私たちは今、自分たちが棲む世界を、どこまで、どのように体験しているのだろうか？

実際のところ、私たちは世界の何を見て、何を聴いているだろうか？

私たちの認識の枠組みは気がつかないうちに、ごく限られたものに設定されている。もしくは、自分たち自身でそのように設定している。その結果、私たちは今、特定の方法でしか世界を見ていないし、現実を体験していない。そして何よりも、世界の音の多くを聴いていない。

こうした状況が生み出されたのは何故か？　それは、私たちが、自分でも気づかないうちに、現代社会のメカニズムの内側に引き籠もってしまったから。その結果、世界との物語の紡ぎ方がいくつかの限られたものとなり、それらの相互交流や融合が行われなくなったからではあるまいか？

それは、私たちが世界の「消費者」になってしまったから。特定のシステムによって次々に提供される新たなサービスに、乗せられていることに気づかないから。もしくは、たとえ気づいていてもそのほうが楽だと思っているから。その結果、自分自身の身体とは別なところで仕組まれた回路のなかで生きていることを忘れがちだからではあるまいか？

本書の根底には、「情報化された社会」から逃れて、自分自身の身体に回帰しよう、土地を「利用する対象」ではなく「対話の相手」と位置付けよう、という私たちの想いがある。目の前の世界を、自分自身の感性を偽らずに体験して欲しい、知らず知らずのうちに形成してきた意識や感性の皮膜を剥いだとき、世界はもっと豊かなもの、刺激的なものになっていくはずだ、というメッセージがある。

私たちがそれぞれのプロジェクトを展開した(展開している)のは、サウンドスケープという考え方があったからではない。本書のタイトルに「サウンドスケープ」と入っているのは、そのコンセプトが、本書の根底にある理念を解説するのに役立つからである。
今から半世紀前、サウンドスケープという用語が世界に向けて提唱されたとき、「音楽」という枠組みに閉じ込められていた人々の美的感性の射程を、現実の世界、すなわち世界のリアリティ全体に向けて拡げようとする「作曲家」という枠組みを超えたシェーファーの意図があった。

振り返れば、一九六〇年代の日本にも、写真、デザイン、建築、音楽などさまざまなジャンルの多くの作家たちが一堂に会した「空間から環境へ展」に象徴される動きがあった。当時まだ新しかった「環境」というコンセプトは、私がサウンドスケープという用語とその考え方に出会う場となった「序」で紹介した雑誌『トランソニック』にも流れ込んでいた。

その頃、世の中はもっと風通しがよく、開けていた。私自身がまだ若かったためかもしれないが、新しい文化の波の到来を予感させるものが確かにあるように思われた。しかし、日本の社会がその後、「風通しのよい方向」に大きく舵を切ることはなかった。

私たち共著者が知り合い、本書に繋がる交流を始めたのは二〇〇八年から二〇一〇年にかけてのことだった。その後の一五年ほどの間に、現代社会の抱える問題はさまざまに変化し、その深刻度を増している。

本書で報告した私たちの現場も、その状況は一様ではないものの、プロジェクト開始当初とはさまざまな変化が生じている。その背景にあるのはグローバルな社会変化、それぞれの土地での人口減少や世代交代がうまくいかないといった問題があるのも事実である。

私の地元善福寺は杉並区のなかでも、この地域に長年暮らしている住民の割合が多い。そのため古くからのさまざまな生活風習が残っているし、故郷の土地への繋がりの感覚は他の地域に比べると強いように思われる。一方、私自身のこども時代と比べても、その物理的な環境の変化には実に大きなものがある。


環境は、社会的にも物理的にも変化していくのが当たり前なのだろう。が、その変化に対してどのような問題意識をもち、その変化をどこに向けようとするのか、といったことが今、私たち一人ひとりに問われている。そうした変化にただ流されていくのではなく、ささやかでも自分なりの行動を始めることが大切である。なぜなら、行動し活動することは風景を紡ぐこと、そして風景を紡ぐことは環境と対話することであり、その対話こそが「生きていくこと」だからである。そして、対話の相手は土地のみならず、そこで暮らす人たちであり、本書の共著者のような（似ているようでさまざまな点で異なる）仲間たち、また本書を通じて出会った読者のみなさまである。

私たちが本書の企画を始めたとき、他にも似たような思いから素晴らしいプロジェクトを展開している人たちがいるので、その人たちも誘えたらいい、と話し合ったことがある。結果として、本書では私たち三名のプロジェクトの紹介に留まった。が、それだけでも、それぞれのプロジェクトをひとつの本にまとめることの難しさ、その表裏一体のところにある面白さを十分すぎるほど体験することになった。

「聴くこと」の広がり、その本来的かつ新たな可能性を探りながら、音楽・建築・歴史といった従来の枠組みを超えた本を編むことができた今、新たな一歩を踏み出した実感がある。加えて、書籍レイアウトを著者の一人、鷲野宏さんが担当することで、その場の気配や雰囲気が重要な要素を占める各プロジェクトの面白さを伝えることができたことも、本書の成果のひとつと言えよう。

本書で紹介したのはいずれも土地や社会、トータルな環境を愛でるために音・音楽を使ったプロジェクトである。その遂行のためには、準備段階の各種作業とその関係者たち、参加アーティストの面々、本番参加のためにそれぞれの現場に足を運んでくださったかたたち、さまざまな立場から援助・協力の手を差し伸べてくださった地元のかたがたの存在等が必須であることを、私は身にしみて感じている。そのようなかたたちに、著者を代表して、深く感謝申し上げたい。

本書の企画は、私たち三名の集まりの場をたまたま訪れた岩波書店第一編集部の北城玲奈さんが、その場の話し合いの様子やその中身に予想外の関心を示してくれたことから実現への道が開かれた。文字通りの「放談会」のような、勝手きままに深まり絡み合う私たちの議論を、二〇代のたおやかな感性で受け止めていただき、三年にわたり根気よくつきあってくださった北城さんに、共著者一同より心からの感謝を捧げます。

著者を代表して　鳥越けい子

二〇二四年一月

鳥越けい子

1955年生．青山学院大学総合文化政策学部教授，日本サウンドスケープ協会代表理事．サウンドスケープ研究．著書に『サウンドスケープ──その思想と実践』(鹿島出版会)，『サウンドスケープの詩学──フィールド篇』(春秋社)など．

鷲野 宏

1974年生．アートディレクター／デザイナー．都市楽師プロジェクト主宰．千葉明徳短期大学非常勤講師．作品に「名橋たちの音を聴く」「オオミヤ・サウンドスケープ」「三井本館80周年記念演奏会」など．

星 憲一朗

1969年生．音楽環境研究所代表．フィールドを伴う主なプロジェクトは「電子音楽の夕べ」「鳴響」「渋響」「肘響」のほか，「京につながる越後妻有郷」「藝能のはじまり」(越後妻有アートトリエンナーレ)，「きみの今昔語り」(和歌山県紀美野町)，「西陣 connect」「音の縁側」(エフエム京都)など．

触発するサウンドスケープ
──〈聴くこと〉からはじまる文化の再生

2024年2月27日　第1刷発行

著　者　鳥越《とりごえ》けい子《こ》　鷲《わし》野《の》　宏《ひろし》　星《ほし》憲一朗《けんいちろう》

発行者　坂本政謙

発行所　株式会社 岩波書店
〒101-8002 東京都千代田区一ツ橋2-5-5
電話案内 03-5210-4000
https://www.iwanami.co.jp/

印刷・三陽社　カバー・半七印刷　製本・松岳社

ISBN 978-4-00-061630-0　Printed in Japan